明代藏書家趙琦美研究

金昱杉 著

山东人民出版社·济南
国家一级出版社 全国百佳图书出版单位

图书在版编目（CIP）数据

明代藏书家赵琦美研究/金昱杉著. --济南：山东人民出版社，2018.11
ISBN 978-7-209-10771-6

Ⅰ. ①明… Ⅱ. ①金… Ⅲ. ①赵琦美（1563—1624）-人物研究 Ⅳ. ①K825.41

中国版本图书馆CIP数据核字(2018)第274126号

明代藏书家赵琦美研究
MINGDAI CANGSHUJIA ZHAOQIMEI YANJIU
金昱杉 著

主管单位 山东出版传媒股份有限公司
出版发行 山东人民出版社
出 版 人 胡长青
社 址 济南市英雄山路165号
邮 编 250002
电 话 总编室（0531）82098914
市场部（0531）82098027
网 址 http://www.sd-book.com.cn
印 装 青岛国彩印刷股份有限公司
经 销 新华书店

规 格 32开（148mm×210mm）
印 张 5
字 数 200千字
版 次 2018年11月第1版
印 次 2018年11月第1次
印 数 1-2000
ISBN 978-7-209-10771-6
定 价 45.00元
如有印装质量问题，请与出版社总编室联系调换。

常熟脉望馆内景

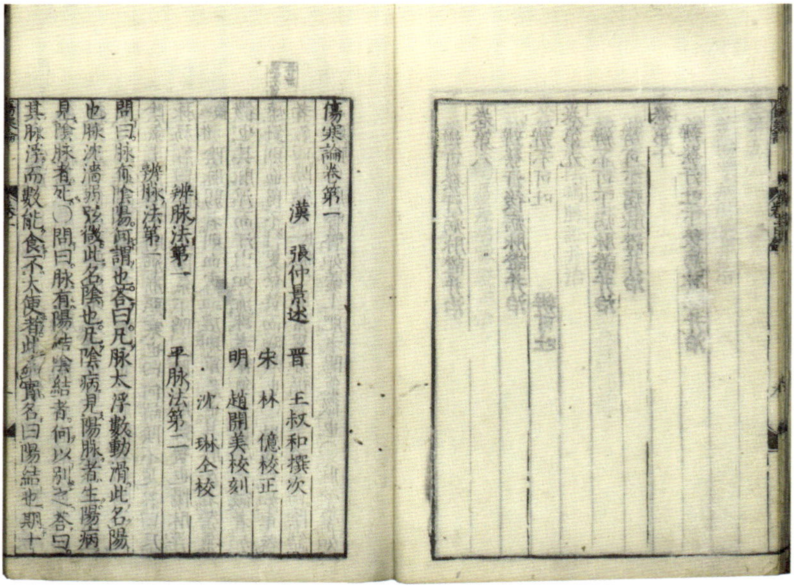

1827年日本翻刻赵开美本《伤寒论》

常熟赵用贤宅保闲堂

常熟赵用贤宅保闲堂内花板

常熟脉望馆石柱基

序　一

金昱杉在上海大学攻读戏剧戏曲学硕士学位，论文题目是《明代藏书家赵琦美研究》，由师友引荐，让我阅览，提点意见。我向来不会拒绝阅读年轻人的文稿，因为我也把这种事情看作扩大知识面的一种途径。读过金昱杉的文稿，印象极好，也毫不勉强地应允为她的专著出版写篇引介的文字。

一是赵琦美以搜汇、抄校图书著称，尤其是收罗了元明二百四十余部杂剧，并为部分剧目做了校记和题跋，成为中国文学史、戏曲史家关注的对象。孙楷第著《也是园古今杂剧考》，对其人其事做了考述。金昱杉在书中对赵琦美的生平，家世，交游，图书收藏、校勘、题跋情况及身后藏书的去处都做出了认真的考论。她还在浙江图书馆抄出了赵琦美的词集《容台小草》和《栢台草》，做了简析，使我们知道了赵琦美亦擅诗词，看到了他精神生活的一个方面。应当说，她对赵琦美的研究是相当完全的。

二是本书写得相当认真，对赵琦美的名、字、号，出仕的年月，抄校杂剧的地点（如“真如邸”），与亲友的错综关系和藏书的去向等，都有所考证，对前人的记述有所辨证，用心甚细，用力甚勤，具有现代青年学人往往缺乏的实事求是的严谨精神。

三是从文稿中可以看出金昱杉不仅勤于检索文献，精心考辨，而且不惮奔走，到多地图书馆查阅相关的古籍，还到常熟赵琦美的故居和做京官时居住的街巷，做了实地的考察。这更是难得的事情。

金昱杉还尚年轻，考辨、行文还有待于老练精准，对赵琦美的研究也还有有待拓展、深化的地方。譬如，依照我的兴趣，如果能通过赵琦美抄校古今杂剧和所撰题跋情况，对元人杂剧在明代的存在状况做出进一步的分析、总结，那将是更有意义的事情。但此书也足以使我相信，金昱杉本着这种实事求是的治学态度和锲而不舍的精神，她会在中国古代文学研究方面做出更多更有学术价值的成果出来的。

年届九秩，思维枯涩，勉以成文，以寄更高期望之意。

袁世硕

2018.9.27

序　二

一九四九年前，戏曲演出多在天黑透开锣，十一点散戏，只要表演出色，观众不觉得冗长，以兴奋贯彻始终。一九六六年前，话剧《雷雨》删去序幕尾声，压缩到三小时。一九八九年，再减去半小时。

元人杂剧结构多四折，一夜演完。明清传奇名著，在剧院极少公演全文，只择其精华折子戏让大家过瘾。唯独岳西高腔在江南农村表演全文，费时多达五六个夜晚，这在全国亦是个罕见的例外。汤显祖、孔尚任、蒋世铨的典雅唱词，农民们都能理解，让我惊诧不已。三年前，偶然去看一回精炼本《牡丹亭》，意外碰上人大美术系陈传席教授门下的博士一起顾曲。当我问到怎能看懂这出不朽名著，他们说："原词确实看不明白，是阅读英文字幕才领悟剧情。"这几句真话让我"悲欣交集"。欣者是他们攀登了世界文化高峰，咀嚼了汤临川与莎士比亚并肩的杰作；悲的是用英语拐杖相助才达目的。稍后到图书馆看看硕士和博士们借书记录，仅少数人问津戏曲剧本。专家安慰我：“不必杞人忧天，传统戏曲不会失传！”但愿如此。

今年读到本书著者金昱杉同学的书稿，思维清晰，条理分明，史料丰富，立论扎实，颇耐推敲。对赵琦美词作的剖析，虽然还有开掘余地，但她已尽了最大努力。父母给予充分支持，让孩子选择戏曲研究，早已不是热行显学。作为门外汉的老朽，敬佩之外，忍不住落泪，随笔写下一首小词志喜：

苦追原味，不惮雪花坠。关东晚明版珍贵，善本粤西抄对！

武汉高阁披霞，任尔仙珠拔萃。领首先师梦会，指点新苗佳瑞。

首章考定了赵琦美的生平家世。赵琦美（1563—1624）去世三百九十余年，查核他的姓名、字号，只要看看每条注释，就能证实本书著作者涉猎之广；没有坚韧的治学毅力，怎能风尘仆仆万里孤旅于南京、上海、北京、东三省等地，非短词可以概括。发掘文言文史料巨大原动力，源于对祖国美不胜收的戏剧史、剧作家、藏书家具备伯乐的眼光，享受千辛万苦的求知大乐，健在的前辈与同辈晚生中，极其罕遇，让我们真正听到了初春燕报告喜讯的振奋。出版家勇挑重担，扶持青年学人，都是值得读书家们关注的亮色！

1938年郑振铎先生在沪购得《脉望馆钞校本古今杂剧》，在自著的《西谛书话》中记下这件狂喜：“这宝库包含了二百四十二种的元明杂剧，在种数上，较之臧选更多到一倍半；而足以补臧选及他书之未及的。单在元剧方面，已有二十八种，明剧则有六种，元明之间，所谓‘古今无名氏’所作的则有一百种以上。这宏伟丰富的宝库的打开，不仅在中国文学史上增添了许多本的名著，不仅在中国戏剧史上是一个奇迹，一个极重要的消息，一个变更了研究的种种传统观念的起点，而且在中国历史，社会史，经济史，文化史上也是一个最可惊人的整批重要资料的加入。这发见，在近五十年来，其重要性，恐怕是仅次于敦煌石室与西陲的汉简的出世的。”1958年郑先生收入《古本戏曲丛刊》，由商务印书馆出版。1940年孙楷第先生写成《述也是园旧藏古今杂剧》，1953年孙著修订再版，影响很大。郑、孙两学者对赵琦美其人其书的卓见，学术界反应很一般。本书著者在前哲启示下的进一步开掘，如发响箭，即或掀不起热潮，其意义亦客观存在。

本书著作者的为学方法，把散见的资料活用，通过墓志、书籍题跋、信件往来，凸显了赵琦美不仅嗜书如命，青灯下苦抄，远行时找缝插针，化零为整校勘忘倦，乐于和同好者交流，互相传抄，目的在传播、抢救文化遗产，用于实际生活。“明人好刻古书而古书亡”，是清人的评价。赵琦美书跋虽短，不是深究学问绚丽辞藻的评论，但朴素可读，对刻本抄本不轻易改动，是他一大长处。明末出版业繁荣，苏杭、南京尤为兴旺，著作、藏书、刻书亦对地方文化有所推进。金昱杉同学围绕以书会友，从赵琦美脉望馆的活动顺藤摸瓜，介绍了一批今人比较陌生的藏书家，从侧面折射了当时社会的一角。

晚明社会农民起义多处烽烟，国库枯竭，军费膨胀，税收剧加，农民负担沉重。崇祯帝在位十六年八个月，换首辅五十多人，可见猜忌多疑，无法相处。手工业发达，城市经济有些起色，市民、工人在集会抗议特务逮捕刚正大臣，首领五义士，引起震荡。读书人困于束缚，期待变革，不自觉地向往自由，又不知自由为何物，找不到出路。黄宗羲作《原君》、唐甄作《潜书》指责皇帝，又难寻替代昏君们的其他方式，人心躁动彷徨。满洲贵族伺机入关，战火不熄。奔腾抒情草书，青藤白阳打破程式的绘画，以汤显祖憧憬婚姻合理的戏曲如“临川四梦”流行，公安派、竟陵派小品文活跃……在这样背录下出现一批藏书家，旨在充实内需，透视或逃避现实，或经营罢官余生，享受学术，不入仕途者的灵魂寄托，造福一方后代，冲击前、后七子陈陈相因的文学……种种条件，使藏书楼在江苏、浙江显示活力。继承父业的赵琦美为其中佼佼者。他们共同的特点是尊重文化、热爱读书，星火点点，即暗夜火把，带着自身的局限，有意无意推进文明。今天遗址尚存多处，不被水火虫兵所毁，使后生们肃然起敬，又对古老文明理解少、接触少、实用少而陌生，距离较远，悔恨投入太迟。愿子孙获得童子功，消化吸收祖先开创的精华，丰富生活，开阔胸襟。

这样，本书著作者的辛勤劳作，会受到知音的共鸣。书中空间，书的集散、跋文，研究心得，不再絮叨。人类智慧传承到当下，书籍功德无量。

希望在前，知难勇进！

柯文辉

目　录

导　言

一、本书研究的对象

赵琦美（1563—1624），明代著名藏书家，江苏常熟人，赵用贤之子。其以父荫历官，终至刑部郎中，授奉政大夫。赵琦美为明代著名藏书家，有藏书楼“脉望馆”，著有《脉望馆书目》《洪武圣政记》《伪吴杂记》《容台小草》《栢台草》《脉望馆和禅记》，编纂《雅乐考续》。

二、主要研究方法

（一）采用文献考据法

通过对大量一手资料的研读，如钱谦益等人为赵琦美所写的墓志铭等，对赵琦美的生平、家世、思想等有更具体的论证。通过对地方县志的查考，对于其家世有更清晰的认识。此前针对脉望馆的研究，对此类涉及较少。除了对常熟本地文献追溯外，通过对《赵氏宗谱》的研读，为赵琦美藏书观及常熟地区藏书兴盛原因的研究提供重要依据。本文涉及的不仅有《脉望馆钞校本古今杂剧》中的校语，还有现存赵琦美其他藏书的题跋。从这些赵琦美所留的校语、题跋中能够掌握赵琦美最原始的思想表达。

（二）采用田野调查的方法

作者对分散在国家图书馆、南京图书馆、浙江图书馆、山东省图书馆、上海图书馆的文献进行了细致地查考，尤其是对不同版本的常熟县志进行走访查阅，同时对常熟脉望馆、绛云楼旧址、汲古阁旧址等进行实地调查。

三、本书研究的目的和意义

赵琦美所藏《脉望馆钞校本古今杂剧》被收录于《古本戏曲丛刊》第四集，共242种杂剧，其中涉及内府本95种，皆附穿关，为研究明代宫廷戏剧的重要史料。且《脉望馆钞校本古今杂剧》传承有序，保存相对完整，继《元刊杂剧三十种》之后，极大地丰富了元杂剧的存量。郑振铎称为“在近五十年来，其重要，恐怕是仅次于敦煌石室与西陲的汉简的出世”[1]。赵琦美可以说是一个名副其实的戏曲藏书家，其对明代戏曲史研究尤为重要。另外，赵琦美刊刻的《仲景全书》是明人保存宋本医书的典范，中外中医文献学者更多地肯定

[1] 郑振铎：《西谛书话》，三联书店出版社1998年版，第322页。

其在中医文献学上的贡献。虽然赵琦美在多个方面有突出的成就，然而由于原始资料匮乏，至今未有一篇论文对其个人及其生平进行专门研究。

笔者日前在浙江图书馆发现其著作《容台小草》《栢台草》，为佚散史料，其著作时间正与《脉望馆钞校本古今杂剧》抄录时间相符。对赵琦美的官宦生涯、交游有所误判，以两本书为据可予以补正。且此二书收录赵琦美所作词，皆未收录于《全明词》，对明代词学研究亦有所补益。

综上所述，笔者从赵琦美个人研究入手，以脉望馆藏书中的校语为辅助，通过大量史料证明赵琦美的生平、家世、交游等对其戏曲藏书的影响，阐释其戏曲藏书的作用及地位，为明代藏书研究提供新视角。

第一章　赵琦美生平考

第一节　名、字、号

赵琦美（1563—1624），“原名开美，字仲朗，号玄度”[1]，丁祖荫则在《重修常昭合志》单行本中载“字玄度，一字如白，号仲朗”[2]，自号清常道人。原籍江苏常熟，为明代著名藏书家。

关于赵琦美的名，涉及“琦美”和“开美”两个名字。

赵琦美之父赵用贤在《送地理曾时统》载：

---

[1]〔明〕赵琦美：《脉望馆书目》不分卷，清同治六年（1867）抄本，赵少琴撰《家乘》。

[2] 丁祖荫：《常熟艺文志》一卷，1937年铅印本。

儿子琦美。[1]

赵琦美执友钱谦益在《刑部郎中赵君墓表》中记载:

君讳琦美。[2]

故此，赵君，名琦美应为事实。

在赵琦美自己刊刻的《东坡先生志林》中，首页序文收录赵用贤所撰写《刻东坡先生志林小序》却又言:

子开美。[3]

对于这个问题，最早做出阐释的是孙楷第:

瞿汝稷撰《少宰定宇赵公行状》(定宇用贤号，汝稷有《瞿冏卿集》，余未见。此文据邵松年《海虞文征》卷十七引)称公长子开美。是文毅殁后尚名开美，不名琦美也。余疑开美是谱名，而琦美是学籍仕籍之名。汝稷撰《定宇行状》，所书是谱名。[4]

后世多延用此说。笔者认为，孙楷第所言并不全备。其一，孙楷第并未见到《瞿冏卿集》，其结论依据转引清末邵松年编纂的《海虞文征》，此书刊刻于光绪年间，最早的引文出处应为明人张应遴编写的《海虞文苑》。笔者查《瞿冏卿集》与《国朝献征录》中收录《嘉议大夫吏部左侍郎定宇赵公行状》，

---

[1] 〔明〕赵用贤:《松石斋集》二十卷又六卷，明万历四十六年(1618)刻本，《诗集》卷六。

[2] 〔明〕钱谦益:《牧斋初学集》一百一十卷，明崇祯十二年(1639)刻本，卷第六十六《刑部郎中赵君墓表》。

[3] 〔宋〕苏轼:《东坡杂著六种》十二卷，明万历三十年(1602)刻本。

[4] 孙楷第:《也是园古今杂剧考》，上杂出版社1953年版，第4页。

内容只有“子男四女七”。[1]惟《海虞文苑》中《少宰定宇赵公行状》中有“子男四，长开美，国子生。”[2]既记国子生，不应为谱名。再查《章卿赵氏家谱》，家谱中在“赵琦美”之名的条目下，以“琦美”相称。故孙楷第所言谱名不确。

其二，赵用贤在为其父赵承谦所撰写的《先大夫行状》中记载：

> 孙男六人，登美聘甘肃行太仆主簿[3]徐娄泉女，充美聘宪副陈鲁山曾孙女，际美聘太和令缪东州孙女，琦美聘录事徐虹江女，同美幼未聘。孙女二人，一嫁仪制司主事王笠洲子庠生维城，一诺举人钱秀峰子。[4]

此行状收录于《松石斋文集》，应属于非常正式的记载，理应以谱名载录，文中仍为“赵琦美”之名。

---

[1]〔明〕瞿汝稷：《瞿冏卿集》十四卷附录一卷，明万历三十九年（1611）刻本，卷十《嘉议大夫吏部左侍郎定宇赵公行状》。
笔者对比《瞿冏卿集》和《海虞文苑》中关于赵用贤行状，发现《瞿冏卿集》中收录名为《嘉议大夫吏部左侍郎定宇赵公行状》,《海虞文苑》中收录名为《少宰定宇赵公行状》，两篇行状内容基本相同，在行状后半段有些差异。如《瞿冏卿集》中“陈公某女”,《海虞文苑》中则为“公文周女”。区别最大的在于《瞿冏卿集》中有“子男四，女七，孙男二，孙女四”，而《海虞文苑》中则记为“公三娶皆封孺人、恭人。男四，长开美，国子生，娶吕，汤出。次祖美，国子生，娶王。次隆美，国子生，娶何。次玄美，聘严，陈出。女七，长适王维城，次适徐继溥，次适蒋镄，次适何之柱，次适顾大夏，次适黄代玄，次适于斑。孙男六，孙女六”。

[2]〔明〕张应遴：《海虞文艺》二十四卷，明万历刻本，卷二十一《少宰定宇赵公行状》。

[3] 疑似“薄”。

[4]〔明〕赵用贤：《松石斋集》二十卷又六卷，明万历四十六年（1618）刻本，卷十六《先大夫行状》。

其三，赵琦美以赵用贤长子，赵氏家督身份祭祀乡贤时，理应以谱名载之，但仍记为“赵琦美”。如成书于万历三十三年的《皇明常熟文献志》收录赵用贤门生唐文献为赵用贤所作传，云：“今赠礼部尚书，荫一子琦美……仍祀乡贤。”[1]成书于万历三十八年的《常熟县儒学志》载：“荫一子琦美，任都察院照磨，今祀乡贤。”[2]康熙《常熟县志·赵用贤列传》载：“公长子琦美，叔子隆美。”[3]

其四，《脉望馆书目》卷首的《家乘》提出：

琦美，原名开美。[4]

据清代藏书家李芝绶同治戊辰年为《脉望馆书目》撰写的序可知，此本归于瞿氏铁琴铜剑楼。由赵琦美族孙赵少琴借出，其父赵子琴精楷抄录，装成二册，交予李芝绶作序。赵琦美族孙赵仲洛校笔题记证实这一点，赵仲洛称呼赵琦美为十世祖，瞿氏所藏《脉望馆书目》为乾隆年间吴顼儒的抄本。赵仲洛通过瞿濬之五兄借出，因恰逢其赴金陵省试，遂由其父手录。《家乘》内容应为赵氏父子提供。

其五，同样是赵用贤撰写的《刻东坡先生志林小序》，收录于《东坡志林》卷首的《刻东坡先生志林小序》中，赵用贤

---

[1]〔明〕管一德：《皇明常熟文献志》十八卷，明万历三十三年（1605）刻本。

[2]〔明〕缪肇祖：《常熟县儒学志》八卷，明万历三十八年（1610）刻本，卷五。

[3]〔清〕杨振藻：《常熟县志》二十六卷末一卷，清康熙二十六年（1687）刻本，卷八。

[4]〔明〕赵琦美：《脉望馆书目》不分卷，清同治六年（1867）抄本，赵少琴撰《家乘》。

称赵琦美为赵开美，落款为“万历乙未，海虞赵用贤撰”[1]，乙未年为万历二十三年。时年，赵琦美三十二岁。另外，赵琦美刊刻其他图书亦有落款。万历十年蔡汝贤刊本《太史升庵文集》，此书是杨慎三子杨有仁著，由赵琦美校注，卷端右侧署：“成都杨慎著，从子有仁编辑，后学赵开美校。”[2]时年，赵琦美十九岁。赵琦美刊刻于万历二十七年的《仲景全书》序跋末署：“万历己亥三月谷旦海虞清常道人赵开美序。”[3]时年，赵琦美三十六岁。赵琦美刊刻《铁网珊瑚》序跋：“万历二十八年闰三月初十日海虞赵琦美识。”[4]时年，赵琦美三十七岁。赵琦美刊刻《仇池笔记》序跋：“万历壬寅孟夏日海虞清常道人赵开美识。”[5]其刊刻《渔樵闲话录》序跋：“万历壬寅孟秋朔日清常道人赵开美识。”[6]时年，赵琦美三十九岁。《酉阳杂俎》由赵琦美校、刻，李云鹄负责刊行，赵琦美的序跋完成于丁未年，而此书刊成应完成于戊申年：“丁未，官留台侍御内乡李公有士安、元凯之僻，与美同好，自美案头见之，欣然欲刻焉……迪功郎南京都察院照磨所照磨海虞赵琦美撰。”[7]李云

[1]〔宋〕苏轼：《东坡杂著六种》十二卷，明万历三十年（1602）刻本。
[2]〔明〕杨慎：《太史升庵文集》八十一卷，明万历十年（1582）刻本。
[3]《仲景全书四种》二十六卷，明万历二十七年（1599）刻本，序。
[4]〔明〕朱存理撰，赵琦美编：《四库艺术丛书·赵氏铁网珊瑚》，上海古籍出版社1991年版，第830页。
[5]〔宋〕苏轼：《东坡杂著六种》十二卷，明万历三十年（1602）刻本，《仇池笔记》序。
[6]〔宋〕苏轼：《东坡杂著六种》十二卷，明万历三十年（1602）刻本，《渔樵闲话录》序。
[7]〔唐〕段成式：《酉阳杂俎》，中华书局1981年版，第293页。

鹄所撰序跋末署："万历戊申中秋日，赐进士第南京四川道监察御史内乡李云鹄书于清议堂。"[1]赵琦美辑录的《鹤林玉露》跋文署："时万历三十六年戊申四月之吉，南京都察院照磨所照磨海虞赵琦美谨跋。"[2]赵琦美刊刻《皇祐新乐图记》所撰序文署："万历三十九年十月十三日书于奉常公署赵开美。"[3]

如果说赵开美是谱名，而赵琦美是学籍仕籍之名。但是，就署名看，赵琦美万历十年时便以"后学开美"之名为人校书，且入仕之后，开美、琦美之名皆属，由此按谱名、学名区分，并不妥当。

同时自万历四十年之后，赵琦美再没有署过开美之名，如《数书九章》两篇序跋署分别为："万历四十四年丙辰孟秋晦日清常道人琦美记。时万历四十五年新正五日清常道人赵琦美记。"[4]又如《元故宫遗录》序跋署："万历四十四年仲冬二十二日呵冻书。是日大风，二十日四鼓，大内又火延禧殿。并记。清常道人赵琦美。"[5]且在万历四十年之后赵琦美抄录的《脉望馆钞校本古今杂剧》，现存跋语全部为赵琦美或清常道人，未曾出现过赵开美。甚至在刊刻其父文集时，将开美改为琦美。故此可推测，是赵琦美自己将名由开美改为琦美，虽然原因不详，但开美应系原名。同样，由于赵琦美署名的原因，

[1]〔唐〕段成式：《酉阳杂俎》，中华书局1981年版，第295页。
[2]〔宋〕罗大经：《鹤林玉露》十六卷补遗一卷，明万历三十六年（1608）刻本。
[3]〔宋〕阮逸：《圣宋皇祐新乐图记》三卷，明万历三十九年（1611）抄本。
[4]〔宋〕秦九韶：《数书九章》，商务印书馆1937年版，第4页。
[5]〔明〕萧洵：《元故宫遗录》，商务印书馆1936年版，第1页。

造成县志记载的不一。

关于赵琦美的字，由于资料较少，故比较复杂。

《刑部郎中赵君墓表》载：

君讳琦美，字玄度。[1]

康熙《常熟县志》中“赵用贤”条目载：

子琦美隆美祖美。琦美，字玄度……祖美，字叔度……隆美，字季昌，号文度。[2]

《恩荫》卷则载：

赵琦美，号玄度。[3]

出现这样字、号混淆的记载，应是县志等转引弄混所致。

光绪三十年《常昭合志稿》则载：“赵琦美，字元度。”[4]改玄为元，为避康熙皇帝玄烨之名讳，此依据钱谦益所撰墓表。又如丁祖荫编纂《重修常昭合志》中载：“赵琦美，字玄度，一字如白，号仲朗，原名开美……自号清常道人。”[5]此条以康熙《常熟县志》卷十二和钱谦益墓表为据。县志所转引的内容，既有前代县志，又有墓表，推测转引选择过程中，因各种原因，导致混淆。

---

[1]〔明〕钱谦益：《牧斋初学集》一百十卷，明崇祯十二年（1639）刻本，卷第六十六《刑部郎中赵君墓表》。

[2]〔清〕杨振藻：《常熟县志》二十六卷末一卷，康熙二十六年（1687）刻本，卷十八《邑人》。

[3]〔清〕杨振藻：《常熟县志》二十六卷末一卷，康熙二十六年（1687）刻本，卷十八《恩荫》。

[4]〔清〕郑锺祥：《常熟合志稿》四十八卷首一卷末一卷，清光绪三十年（1904）活字本，卷三十二。

[5] 丁祖荫：《常熟艺文志》一卷，1937年铅印本。

综上所述，赵琦美的字应是玄度。

《重修常昭合志》载：

赵琦美，字玄度，一字如白，号仲朗，原名开美……自号清常道人[1]。

此处疑有误。赵琦美另一字应为仲朗，号为如白。在瞿汝稷为赵氏祠堂所写的碑记中："元之子仲朗、叔季季昌。"记于祠堂之名，应为其字。

关于如白，赵琦美著作《容台小草》，孙楷第撰文疑已佚，然笔者日前自浙江图书馆抄出，发现该书首载：

海虞赵琦美如白父著。[2]

冯维位为赵琦美撰写的《赵如白续江南春题辞》称：

如白先生江南春余丛为引之。

故太常有如白，如白不有太常也。

如白是词骤而读之。[3]

陆化熙为赵琦美撰写的《赵奉常三续江南春引》载：

如白氏于江南春一词凡三赓矣。

在如白氏则何足奇。

如白当世轶才。

又安能窥如白之才。[4]

同时另有赵琦美著作《栢台草》，首页载：

[1] 丁祖荫：《常熟艺文志》一卷，1937年铅印本。

[2] 〔明〕赵琦美：《容台小草》一卷，明万历刻本，卷首。

[3] 〔明〕赵琦美：《容台小草》一卷，明万历刻本，《题辞》。

[4] 〔明〕赵琦美：《容台小草》一卷，明万历刻本，《赵奉常三续江南春引》。

海虞赵琦美如白父著。[1]

明万历三十六年（1608）刊本《鹤林玉露》中孙矿提到赵琦美称：

会余转南兵，而台僚赵君如白来。如白者，少宰定宇公子也……万历戊申二月甲子，余姚孙矿识。[2]

关于赵琦美另一号“清常道人”，《仲景全书》序跋末署：

万历己亥三月谷旦海虞清常道人赵开美序[3]。

《东皋子集》题跋亦署：

金陵焦太史先生本录出，校于清溪官舍，时万历三十七年十月十四日，漏下初鼓，清常道人。[4]

《百夷传》序跋则署：

万历三十八年庚戌十一月十有三日清常道人赵琦美识。[5]

另外《脉望馆钞校本古今杂剧》中，赵琦美大量题署“清常道人”之号。

《河南府张鼎勘头巾》跋：……清常道人。[6]

---

［1］〔明〕赵琦美：《栢台草》一卷，明万历刻本，卷首。

［2］〔宋〕罗大经：《鹤林玉露》十六卷补遗一卷，明万历三十六年（1608）刻本。

［3］《仲景全书四种》二十六卷，明万历二十七年（1599）刻本，序。

［4］〔唐〕王绩：《东皋子集》三卷，明万历三十七年（1609）抄本，卷首。

［5］〔明〕钱古训：《百夷传》一卷，1929年抄本，序。

［6］《勘头巾》，《脉望馆钞校本古今杂剧》第22本，《古本戏曲丛刊》第四集，商务印书馆1958年版。

《刘晨阮肇误入天台》跋：……清常道人。[1]

《包待制智斩鲁斋郎》跋：……清常道人记。[2]

《包待制三勘蝴蝶梦》跋：……清常道人。[3]

综上可知，赵琦美原名赵开美，字玄度，一字仲朗，号如白，又号清常道人。

第二节 生平

关于赵琦美的生平，其执友钱谦益在《刑部郎中赵君墓表》中记载较详：

神宗之末年，建州夷蹦我辽左。赵君官太仆寺丞，有解马之役。匹马出山海关，周览阨塞要害，遇废将老卒，从容访问我所以败、夷所以胜者，感激挥涕，慨然奋臂出其间。归而上书于朝，条上方略。君之意，以谓天子将使执政召问从何处下手，庶几倾囊倒度，以自献其奇，仅如例报闻而巳[4]。君自此默然不自得，以使事归里。用久，次再迁刑部郎中。

---

[1]《误入天台》，《脉望馆钞校本古今杂剧》第33本，《古本戏曲丛刊》第四集，商务印书馆1958年版。

[2]《鲁斋郎》，《脉望馆钞校本古今杂剧》第32本，《古本戏曲丛刊》第四集，商务印书馆1958年版。

[3]《蝴蝶梦》，《脉望馆钞校本古今杂剧》第7本，《古本戏曲丛刊》第四集，商务印书馆1958年版。

[4] 疑似“已”。

裴徊久之，过余而叹曰："已矣，世不复知我，而我亦无所用于世矣！生平好兵家之言，思以用世；好神仙之术，思以度世。今且老而无所成矣。武康之山，老屋数间，庋书数千卷，吾将老焉。子有事于宋以后四史，愿以生平所藏，供笔削之役，书成而与寓目焉，死不恨矣！是年八月君还朝，寓书于余者。"

再明年，其家以讣音来，则君以病没于长安之邸舍，天启四年之正月十八日也。

君讳琦美，字玄度，故广参议讳承谦之孙，赠礼部尚书、谥文毅、讳用贤之子。君之历官，以父任也。

天性颖发，博闻强记，落笔数千言，居恒厌薄世之儒者。以谓自宋以来，九经之学不讲，四库之书失次，学者皆以治章句、取富贵为能事，而不知其日趋于卑陋……而君之于书，又不徒读诵之而巳[1]，皆思落其实，而取其材，以见其用……官南京都察院，照磨，修治公廨，费约而工倍。君曰：吾取宋人将作营造式也。升太常寺典簿，转都察院都事，厘正勾稽，必本旧章，及其丞太仆印烙之事，人莫敢欺。君曰：吾自有相马经也。君之能于其官于所读之书未用其一二，而世已有知之者。至其大志之所存，如戊午所上方略，君所慷慨抵掌，以冀一遇者，其不迂而笑之者亦鲜矣。呜呼，其可悲也。君生为贵公子，而布衣恶食，无绮纨膏

[1] 疑似"已"。

梁[1]之色。少年才气横骛，落落不可羁勒，而遇旅人羁客，煦妪有恩礼，精强有心计，时致千金，缘手散去，尽损先人之田产，不以屑意也。尤深信佛氏法，所至以贝叶经自随，正襟危坐而卒。享年六十有二。归葬于武康之茔。[2]

从钱谦益这段记载中可知赵琦美卒于天启四年（1624）正月十八日，享年六十二岁，葬于武康。因钱氏未详述赵琦美生年，又查《暨阳章卿赵氏宗谱》知赵琦美生于嘉靖四十二年癸亥六月二十五日。[3]

赵琦美出身官宦世家，是广东布政司参议赵承谦之孙、礼部尚书赵用贤之子。秦小酉曾言："玄度为今大司成定宇公冢器，翩翩好古言，论风旨绰有父风。"赵琦美自幼酷爱读书，少年时便才华横溢、聪慧过人，没有丝毫纨绔子弟的习惯，遇见客居在外的人，亦以礼相待。其为人豪爽、仗义，手中有千金，也拿去帮助别人，即使损失家产，仍不以为意。缪昌期曾言："玄度家贫薄宦，先业尽诜不过瘠卤因二顷耳。"[4]在赵用贤过世之后，赵琦美成为家督，后以父荫入仕，但生活并不宽裕，其自述"饷旋百逋交萃，不保先人之庐矣"。董其昌亦曾

[1] 疑似"粱"。

[2]〔明〕钱谦益：《牧斋初学集》一百十卷，明崇祯十二年（1639）刻本，卷第六十六《刑部郎中赵君墓表》。

[3]《暨阳章卿赵氏宗谱》三十卷，清光绪九年（1883）活字本，士鹏公十八世"琦美"条目。

[4]〔明〕缪昌期：《从野堂存稿》八卷，明崇祯十年（1637）刻本，卷六《与杨大洪》。

言："赵公子玄度藏书万卷……赵公即世，玄度孤危。"[1]然而就算生活一度拮据，赵琦美仍然热爱藏书，他节衣缩食，购买善本书籍，必要时还会借、抄朋友的藏书。对于读书，赵琦美不仅仅是阅读，还懂得联系实际，应用于生活之中。他在担任南京都察院照磨时，整修官署，钱少而工倍，自言是运用《营造法式》中的建筑知识做到的；在担任都察院都事时，整理报表，严格按照既有规章制度办事；在担任太仆丞时，也能快速适应职位，无人敢欺。赵琦美不仅藏书，还自己校、刻书籍，钱谦益评价为"专勤"：

欲网罗古今载籍，甲乙铨次，以待后之学者。损衣削食，假借缮写三馆之秘本，兔园之残册，刷编罄翰，断碑残壁，梯航访求，朱黄雠较，移日分夜，穷老尽气，好之之笃挚与读之之专勤，盖近古所未有也。[2]

赵琦美喜爱藏书，尤喜戏曲书籍，其在京为官时，不论任何时间，只要有闲暇，便开始抄、校杂剧，据《脉望馆钞校本古今杂剧》中赵琦美跋载：

万历四十四年十一月十四日，朝贺冬节，四鼓起，侍班梳洗之馀校于小谷本，清常道人。[3]

丁巳六月初八日四鼓，侍班待漏次校于小谷本。自去年

[1]〔明〕董其昌：《容台文集》九卷，明崇祯三年（1630）刻本，卷八《封简讨少微许公墓志铭》。

[2]〔明〕钱谦益：《牧斋初学集》一百十卷，明崇祯十二年（1639）刻本，卷第六十六《刑部郎中赵君墓表》。

[3]《勘头巾》，《脉望馆钞校本古今杂剧》第22本，《古本戏曲丛刊》第四集，商务印书馆1958年版。

八月雨后，此日方有雨寸许。清常道人。[1]

万历四十三年七月廿三日，漏下二鼓，校于小谷本。[2]

万历四十四年十一月十二日长至夜校于小谷本，清常道人记。[3]

万历四十四年十一月十三日长至未刻校，清常道人。[4]

于小谷本录校乙卯二月初八日有事昭陵书于公署。[5]

三鼓是晚十一点到凌晨一点左右，四鼓是凌晨一点到凌晨三点左右，真可谓为抄书废寝忘食，即使在等待上朝之时仍在抄校。十一月长至夜应为冬至，明代冬至袭古俗，有祭祠堂之风，《帝京景物略》载："百官贺冬毕，吉服三日，具红笺互拜，朱衣交于衢，一如元旦。"[6]赵琦美在此重要节期，仍不忘校勘于小谷本。即使是出公差，亦将剧本随身携带。据郑振铎记载："甚至在家里有人结婚的时候也还偷笔在校着：'万历四十三年乙卯七月初十日校内本，是日瑞五成婚并记。'（《海

[1]《误入天台》，《脉望馆钞校本古今杂剧》第33本，《古本戏曲丛刊》第四集，商务印书馆1958年版。

[2]《司马相如题桥记》，《脉望馆钞校本古今杂剧》第45本，《古本戏曲丛刊》第四集，商务印书馆1958年版。

[3]《鲁斋郎》，《脉望馆钞校本古今杂剧》第32本，《古本戏曲丛刊》第四集，商务印书馆1958年版。

[4]《蝴蝶梦》，《脉望馆钞校本古今杂剧》第7本，《古本戏曲丛刊》第四集，商务印书馆1958年版。

[5]《十八学士登瀛洲》，《脉望馆钞校本古今杂剧》第58本，《古本戏曲丛刊》第四集，商务印书馆1958年版。

[6]〔明〕刘侗、于奕正：《帝京景物略》，北京古籍出版社1980年版，第70页。

门张仲村乐堂》跋）"[1]此处笔者认为："瑞五"应为"瑞王"，原因有二：其一，明史载瑞王朱常浩为万历皇帝第五子，万历二十九年被封为瑞王，天启七年到汉中就藩，万历四十三年朱常浩正在北京，而赵琦美亦在京为官。其二，瑞王朱常浩二十五岁成婚。万历四十三年，朱常浩正二十五岁，与赵琦美题跋中的时间相符。"瑞王常浩，神宗第五子。初，太子未立，有三王并封之旨，盖谓光宗、福王及常浩也。寻以群臣争，遂寝。二十九年，东宫立，与福、惠、桂三王同日封。常洵以长，先之藩。常浩年已二十有五，尚未选婚，群臣交章言。"[2]明代男子婚配年龄在十六岁左右，但是朱常浩长兄朱常洛婚配年龄二十一岁，朱常浩二十五岁，远远晚于常情，其原因与万历末期的"国本之争"东林党和浙党党争有关系，而这一切都与赵琦美当时所处的立场息息相关。赵琦美之父赵用贤与东林党人顾宪成私交甚好，浙党领袖王锡爵是赵用贤的政敌，从而赵琦美从政生涯中，与东林党多人私交甚笃，思想上亦更认可东林党人的观念。万历四十三年五月初四，已是太子的朱常洛差点在自己宫中被刺，这便是震惊朝野的"梃击案"。赵琦美此条随笔，背后是当时朝堂之争的白热化。

赵琦美"以父荫历官"，[3]自南京都察院照磨始，历任太

[1] 郑振铎：《西谛书话》，《跋脉望馆钞校本古今杂剧》，三联出版社1998年版，第351页。
[2]〔清〕张廷玉：《明史·列传》，卷一百二十，中华书局1974年版，3649页。
[3]〔明〕赵琦美：《脉望馆书目》不分卷，清同治六年（1867）抄本，赵少琴撰《家乘》。

常寺典簿，都察院都事、太仆寺丞，最终至刑部贵州司郎中授奉政大夫。遗憾的是钱谦益在《刑部郎中赵君墓表》中对赵琦美的为官履历只记其官职名称，并未写明升迁时间。对于赵琦美何时入仕，钱谦益亦未明言，仅称“琦美、隆美皆公没补荫”[1]。赵用贤卒于万历二十四年，赵琦美因赵用贤官荫得官，但赵琦美为赵用贤长子，应守三年孝期，赵琦美曾自言：“美丁家难，囊底青蚨子母飞去殆尽，乌能胜之哉！悒悒者三年余矣。”[2]印证了这一点。笔者新查，缪昌期写给王澹生的书信中，为赵琦美以父荫历宦一事而陈情：“赵少宰公之殁垂八年矣，而未有以易其名。”[3]王澹生名士骐，为王世贞之子，时为吏部郎中。而由于王士骐万历三十一年末被免职削籍，故赵琦美开始任职都察院照磨应在万历三十一年。

万历三十五年刻本《酉阳杂俎》赵琦美所撰序文文末署：“迪功郎南京都察院照磨所照磨海虞赵琦美撰。”[4]《铁网珊瑚》中赵琦美跋：“小西靳以此书暨旧板《太上感应篇》易去，事在丁酉之年。越十三年，予官留台。”[5]留台一称最早出现于西晋，张方挟惠帝迁往长安，留尚书台在洛阳，乃有留台

[1]〔明〕钱谦益：《牧斋初学集》一百十卷，国家图书馆藏明崇祯十二年（1639）刻本，《嘉议大夫吏部左侍郎兼翰林院侍读学士赠资德大夫太子少保礼部尚书兼翰林院学士谥文毅赵公神道碑铭》。

[2]〔宋〕罗大经：《鹤林玉露》十六卷补遗一卷，明万历三十六年（1608）刻本。

[3]〔明〕缪昌期：《从野堂存稿》八卷，明崇祯十年（1637）刻本，卷六《与王澹生》。

[4]〔唐〕段式成：《酉阳杂俎》，中华书局1981年版，第293页。

[5]〔明〕朱存理撰，赵琦美编：《赵氏铁网珊瑚》，上海古籍出版社1991年版，第830页。

之名。明朝开国之初定都南京，永乐十八年迁都北京，南京成为明朝留都，而“明洪武中，改御史台为都察院”[1]。又称“台院”“柏台”等。故此，此处留台应指南京都察院。丁酉年为万历二十五年，越十三年即万历三十八年。

万历三十八年初，赵琦美由南京都察院照磨升北京太常寺典簿，同年底通过考试得实授；万历四十二年秋，自太常寺典簿调任都察院都事，且到万历四十三年初一直在都察院。

赵琦美跋《东国史略》载：

> 《东国史略》六卷，不著姓氏。于燕京冯沧洲仲缨斋头见之，因借录一册……时万历三十八年庚戌季秋朔后三日[2]。

赵琦美题跋《百夷传》载：

> 予欲集古今丛史，患遐陬之弗及周知矣。岁庚戌，补考在京师。闲步刑部街，因见此书，遂买之，录一册以随奚囊。盖亦山经水志之一班云。时万历三十八年庚戌十一月十有三日，清常道人赵琦美识。[3]

从中可看出，万历三十八年时，赵琦美九月、十一月都在北京，且十一月“补考在京师”。且这并非孤证。《太常寺续考》载：

> 赵琦美，直隶常熟人。官生，万历三十八年任。[4]

---

[1]〔明〕余庭璧，杨绳信校注：《事物异名校注》，山西古籍出版社1993年版，第111页。

[2]〔朝鲜〕佚名：《东国史略》六卷，明万历三十八年（1610）抄本，卷首。

[3]〔明〕钱古训：《百夷传》一卷，1929年抄本，序。

[4]《四库全书珍本初集·史部·职官类》，《太常续考》，卷七，商务印书馆1934年版，第95页。

而《东皋子集》中赵琦美题跋为："金陵焦太史先生本录出，校于清溪官舍，时万历三十七年十月十四日，漏下初鼓，清常道人。"[1]"三十八年庚戌于金陵得张浙门墨本。"[2]可见三十七年底至三十八年初，赵琦美应在南京，后调任北京。万历三十八年十一月通过考核得实授。

观赵琦美的弟弟赵隆美，"熹宗即位，诣阙上书，具陈先臣当国本危疑，请建储、争并封、拥右先帝，宜见恤录。大臣邹忠介、赵忠毅诸公主其议，君得荫入监"[3]。天启元年赵隆美得父亲赵用贤官荫入国子监，后官太常寺典簿。然《太常寺续考》载：

赵隆美，直隶常熟人。官生，天启二年年任。[4]

《大明会典》载"国家考课之法……京官故皆试职。一年考核实授。"[5]可见兄弟二人皆符合此例。

谢兆申为《栢台草》撰《刻江南春续赓序》云："今岁示予支续若三若四赓若韵且百首焉，予读而骇之。"[6]落款题为"万历乙卯如月望日绥安谢兆申谨序"。万历乙卯如月望日即万历四十三年阴历二月十五日。同书赵琦美自序："容台多

---

[1]〔唐〕王绩：《东皋子集》三卷，明万历三十七年（1609）抄本，卷首。

[2]〔明〕萧洵：《元故宫遗录》，商务印书馆1936年版，第1页。

[3]〔明〕钱谦益：《牧斋初学集》一百十卷，明崇祯十二年（1639）刻本，卷第六十一《中宪大夫四川叙州府知府赵君墓志铭》。

[4]《四库全书珍本初集·史部·职官类》，《太常续考》，卷七，商务印书馆1934年版，第96页。

[5]〔明〕解缙：《永乐大典》，明抄本卷十二。

[6]〔明〕赵琦美：《栢台草》一卷，明万历刻本，《刻江南春续赓序》。

暇，六日而吟成三续。秋间改栢台，阅半岁，始得四续。”[1]可推知，赵琦美万历四十二年秋自太常寺典簿转任都察院都事。《劳山仙迹诗》赵琦美跋中亦提到：“邱长春诗，三十余首，王重阳、马丹阳、刘朗然各数首。是集人间绝少，万历乙卯，赵清常借柏台靖恭堂本缮写。”[2]亦可证万历四十三年赵琦美已任职都察院都事。

在《章卿赵氏家谱》中有一条记载：“明鄙皆玄度承德郎敕命二道”[3]，下有一小字“此轴遗失”。此条记载在光绪版宗谱中不存。明代正六品初授承直郎，升授承德郎。赵琦美官太仆寺丞时为正六品承德郎。

万历四十六年，赵琦美担任太仆寺丞，上方略而不被用，同年辞官归家。天启三年重新被启用，天启四年病逝。

综上所述，赵琦美万历三十一年到三十八年任南京都察院照磨（正八品），同年转任北京太常寺典簿（正七品），万历四十二年秋之后转任北京都察院都事（正七品）。万历四十六年四月左右任太仆寺丞（正六品），同年辞官，五年之后即天启三年八月，重返朝任刑部贵州司郎中（正五品）。天启四年正月十八日卒于北京的官邸。

[1]〔明〕赵琦美：《栢台草》一卷，明万历刻本，《四续江南春》卷一。
[2]〔清〕钱曾：《读书敏求记》，书目文献出版社1984年版，第64页。
[3]《章卿赵氏家谱》九卷，清雍正十二年（1734）刻本，卷六。

第三节　家世

赵琦美裔出宋宗室，属宋太宗赵光义一脉，迁居常熟。其祖父、父亲皆为明代重臣，祖父赵承谦官至广东布政司参议，其父赵用贤官至吏部左侍郎赠礼部尚书。赵用贤撰《先大夫行状》：

先君讳承谦，字德光，别号益斋。按赵氏世谱，裔出宋宗室。熙宁初，有讳仲谈者，以功封简国公，谈子曰士鹏，授朝请大夫守江阴。绍兴南渡，因占籍江阴，是为始祖。士鹏生朝散大夫不违。不违生朝请郎善谣，善谣生汝言，汝言生崇异，崇异生必岱。必岱三子：良能、良发、良用，嘉定中皆举进士，而良发尤著。良能生友彝，友彝生文贵，文贵生同悌，同悌生镇，镇生中，中子二人，曰升、曰昂，昂子实，任侠尚文，号松云先生，出赘常熟钱氏，遂为常熟人。松云公早夭，有孤子三人，曰金、曰璧、曰玭……先君生成化丁未五月五日，卒隆庆戊辰九月九日……孙男六人，登美聘甘肃行太仆主簿徐娄泉女，充美聘宪副陈鲁山曾孙女，际美聘太和令缪东州孙女，琦美聘录事徐虹江女，同美幼未聘。孙女二人，一嫁仪制司主事王笠洲子庠生维城，一诺举人钱秀峰子。[1]

另据王世贞《广东布政司右参议益斋赵公传》载："赵公讳承谦字德光别号益斋，其先宋宗室有简国公仲谈者，再传而渡江为江宁人，又十一传而松云公昴赘常熟，遂为常熟人。有三子曰封吏部公玭，最少者也。"[2]赵士鹏第十一代后至松云先生赵实入赘于常熟钱氏，自江阴迁居常熟。赵实最小的儿子名赵玭，便是赵承谦之父。其中"松云公昴"应为"松云公实"，此处应为王世贞误记，将松云先生赵实之名误记为其父赵昂，且写为别字"昴"。

另据《章卿赵氏家谱》载：

士鹏，宋简国公仲谈四子，绍兴十三年授右朝请大夫守江阴军，为迁地始祖，葬江阴西门外青山北面葫桥一保籍字一千三百二十九号田内主穴。子二：不违、不疑。

江苏常熟恿苑支，始迁祖：赵实。

发祥自宋宗室简国公，生朝请大夫士鹏，守江阴军，家焉。十传而为松云公讳实，出赘于常熟钱氏，遂又家常熟。[3]

综上可知，赵琦美的家世传承现列表如下（图1-1）：

[1]〔明〕赵用贤：《松石斋集》二十卷又六卷，明万历四十六年（1618）刻本，卷十六《先大夫行状》。。

[2]〔明〕王世贞：《弇州山人四部稿》一百八十卷目录十二卷，明万历五年（1577）刻本，八十一卷三十五，《广东布政司右参议益斋赵公传》。

[3]《章卿赵氏家谱》九卷，清雍正十二年（1734）刻本，卷八《明故嘉议大夫吏部左侍郎兼翰林院侍读学士定宇赵公墓志铭》。

宋太宗赵光义→赵元佐→赵允成→赵宗仁→简国公赵仲谈→赵士鹏→{赵不违→{赵善谣→{赵汝言→赵崇异→赵必岱→{赵良能→赵友彝→{赵明贵、赵昭贵、赵修贵、赵文贵→赵同悌→{赵性、赵镇→赵中→{赵升、赵昂→赵实→{赵金、赵璧、赵玭→{赵天祥、赵天祯、赵承谦→{赵用贤→{赵琦美、赵祖美、赵隆美、赵玄美}、赵用实、赵用贵、赵用贞}、赵天礼}}}}}、赵良发、赵良用}、赵汝积}、赵善宥}、赵不疑}

图1-1　赵琦美家世

赵承谦、赵用贤父子生平均见于《常熟儒学志》之中，《明史》有赵用贤列传。赵承谦（1487—1568），字德光，号益斋，嘉靖七年中应天乡试，嘉靖十七年戊戌科进士，历官江西赣州府推官、南京吏部文选司主事、稽勋司郎中，终至广东布政司参议，诰授奉政大夫，赠朝议大夫（从四品）。赵用贤（1535—1596），字汝师，号定宇，嘉靖戊午年应天乡试中举人，隆庆五年辛未科进士，选翰林庶吉士，授检讨。万历四年修《大明会典》，万历五年分典会试，同年冬，时任翰林院检讨的赵用贤在张居正“夺情”事件中，上疏弹劾张居正，被明神宗下令廷杖六十，削籍为民。万历十年，张居正过世，次年，赵用贤被以原官召用。万历二十一年任吏部左侍郎（正三品），同兼翰林院侍读学士，后上书称病回归故里，万历二十四年卒于家中。赵用贤有藏书楼“松石斋”，著《赵定宇书目》，以木活字刻《十子》、《南齐书》五十九卷、《北齐书》十卷、《陈书》三十六卷、《周书》五十卷、《南史》八十卷、《五经》白文，以及王应麟的《玉海》二百卷附《词学指南》四卷[1]。孙楷第称其："所刻《五经》白文，可乱宋本。其刻《管子》《韩子》，俱据旧本名椠，号为善本。官南京国子监祭酒，则补刊监本史书及《玉海》。"[2]

孙楷第对赵用贤为人评价："以风节劲直著名当时，而风雅嗜书，俨然书生本色。"赵琦美是赵用贤长子，受其父政治操守与道德品格影响极深，但赵用贤官场的树敌亦影响了赵琦美的仕途，甚至导致赵琦美无法归葬祖茔。

《明史》载：

> 用贤有女许御史吴之彦子镇。之彦惧及，深结居正，得巡抚福建。过里门，不为用贤礼，且坐镇于其弟下，曰"婢子也"，以激用贤。用贤怒，已察知其受居正党王篆指，遂反币告绝。之彦大喜……二十一年，王锡爵复入内阁。初，用贤徙南，中行、思孝、植、东之已前贬，或罢去，故执政安之。及是，用贤复以争三王并封语侵锡爵，为所衔。会改吏部左侍郎，与文选郎顾宪成辨论人才，群情益附，锡爵不便也。用贤故所绝婚吴之彦者，锡爵里人，时以佥事论罢，使其子镇讦用贤论财逐婿，蔑法弃伦。用贤疏辨，乞休。诏礼官平议。尚书罗万化以之彦其门生，引嫌力辞。锡爵乃上

[1] 曹培根：《常熟藏书家刻书抄书考》，《图书馆理论与实践》2007年第6期。

[2] 孙楷第：《也是园古今杂剧考》，上杂出版社1953年版，第13页。

议曰："用贤轻绝，之彦缓发，均失也。今赵女已嫁，难问初盟；吴男未婚，无容反坐。欲折其衷，宜听用贤引疾，而曲贷之彦。"诏从之。用贤遂免归。[1]

赵用贤曾将女儿许配给御史吴之彦的儿子吴镇，吴之彦巴结张居正，得到巡抚福建之职。赵用贤怒将礼金退还，回绝亲事。此事赵用贤在《松石斋集·望轻致谤疏》亦有记录。张居正过世后，赵用贤起官，与东林党首创者顾宪成惺惺相惜，王锡爵为培植党羽曾让赵用贤举荐礼部尚书罗万化入阁，被顾宪成上述驳斥。后赵用贤又因反对"三王并封"之事得罪浙党王锡爵。吴之彦与王锡爵本是邻居，王锡爵便挑唆吴氏父子攻击赵用贤论财赶走女婿，蔑视法律废弃伦理，从而迫使赵用贤辞官归家。赵琦美万历四十六年（1618）冒生命危险、独自出山海关考察并上方略，然并未被重用，同年赵琦美便辞官归家。其时内阁首辅为浙党方从哲，正是王锡爵的门生。赵琦美曾借苏轼直言对党争的不满，"夫荆公固士也，学虽僻而奈何辱之载？乌台之狱，岂尽人尤乎！"[2]

赵用贤次子名赵祖美，字叔度，号继仲。钱谦益《牧斋初学集卷》又云："余弱冠，则与赵文毅公之二子叔度、季昌游……而叔度又早夭。"[3]可见赵祖美过世较早。其子赵

[1]〔清〕张廷玉：《明史·列传》，第二百二十九章，中华书局2000年版，第4005页。

[2]〔宋〕苏轼：《东坡杂著六种》十二卷，明万历三十年（1602）刻本，《仇池笔记》跋。

[3]〔明〕钱谦益：《牧斋初学集》一百十卷，明崇祯十二年（1639）刻本，卷第六十一《中宪大夫四川叙州府知府赵君墓志铭》。

士履，字坦之，天启皇帝即位后，“越三年，请补给文毅公吏部考满，再赠太子少保，荫一孙中书舍人。推以予叔度之子”。[1]赵士履得祖父赵用贤官荫，为中书舍人，官终韶州府同知。

赵用贤三子赵隆美，字季昌，号文度。钱谦益曾为其撰写墓志铭，称“君讳隆美，季昌其字”[2]。这与《重修常昭合志稿》中赵隆美“字文度，号季昌”[3]不符。赵隆美之子赵士春在《先大夫行述》中记载：“先君讳隆美，字季昌，号文度，文毅公第三子。”[4]故疑为县志误记。“熹宗即位……大臣邹忠介、赵忠毅诸公主其议，君得荫入监”[5]，天启元年（1621）赵隆美得父亲赵用贤官荫入官，补太常寺典簿，最后官至四川叙州知府，崇祯三年（1630）辞官归田，葬于罗墩之新阡。赵隆美著作有：“《赵叙州集》二卷（诗集，千顷堂书目，一作文度诗，见赵用贤传）。”[6]据钱谦益《牧斋初学集》第五十九卷《黄孺人墓志铭》载，赵隆美之子赵士春娶黄孺人为妻，有一女儿，嫁给钱谦贞长子钱孙保，钱谦益还为赵士春之女另撰《钱令人

[1]〔明〕钱谦益：《牧斋初学集》一百十卷，明崇祯十二年（1639）刻本，卷第六十一《中宪大夫四川叙州府知府赵君墓志铭》。

[2]〔明〕钱谦益：《牧斋初学集》一百十卷，明崇祯十二年（1639）刻本，卷第六十一《中宪大夫四川叙州府知府赵君墓志铭》。

[3] 丁祖荫：《常熟艺文志》一卷，1937年铅印本。

[4]〔明〕赵士春：《保闲堂集》二十六卷，清康熙刻本，卷二十三《先大夫行述》。

[5]〔明〕钱谦益：《牧斋初学集》一百十卷，明崇祯十二年（1639）刻本，卷第六十一《中宪大夫四川叙州府知府赵君墓志铭》。

[6] 丁祖荫：《常熟艺文志》一卷，1937年铅印本。

赵氏墓志铭》。钱谦贞、钱孙保父子事迹均被收录于《藏书纪事诗》中。

《常熟县志》载："敕葬赵文毅公墓在罗墩之浒。"[1]钱谦益撰《中宪大夫四川叙州府知府赵君墓志铭》载"（隆美）葬于罗墩之新阡。"[2]《脉望馆书目·家乘》载："（赵琦美）娶徐氏光禄监事勉之公懋德女，赠宜人，继吕氏孝廉名道娴女，封宜人，葬桃源涧。"[3]由此可见赵琦美之父、弟、妻均葬于常熟，今位于常熟市磐安县尚湖镇，亦可推测赵氏祖坟皆于常熟，赵氏祖茔亦在此。而赵琦美"归葬于武康之茔"[4]，非常特殊，其一，赵琦美卒于北京，江苏常熟比浙江武康距北京近百余公里，赵琦美为何舍近求远；其二，赵琦美在赵用贤去世后为赵氏家督，竟不入祖茔。且从《罗墩文毅公谕茔图》可知至光绪年，赵琦美仍未在祖茔中有记载。赵琦美过世后，许宏纲协助处理其身后事，"时赵玄度以秋官郎入都，公与握手道故，不胜感慨。未几，玄度客死。姻家为难，旅榇几不得还。公挥泪经纪丧事，复竭蹙御侮，归其骨"[5]。从董其昌时在京城修《神宗实

[1]〔清〕杨振藻：《常熟县志》二十六卷末一卷，清康熙二十六年（1687）刻本，卷十三。

[2]〔明〕钱谦益：《牧斋初学集》一百十卷，明崇祯十二年（1639）刻本，卷第六十一《中宪大夫四川叙州府知府赵君墓志铭》。

[3]〔明〕赵琦美：《脉望馆书目》不分卷，清同治六年（1867）抄本，赵少琴撰《家乘》。

[4]〔明〕钱谦益：《牧斋初学集》一百十卷，明崇祯十二年（1639）刻本，卷第六十六《刑部郎中赵君墓表》。

[5]〔明〕董其昌：《容台文集》九卷，明崇祯三年（1630）刻本，卷八《封简讨少微许公墓志铭》。

录》附中记载可看出，赵琦美过世后，因为姻家为难，棺材都无法还乡，这很有可能是赵琦美安葬武康的缘由。而这里的姻家，推测并非赵琦美本人的姻亲，而是被赵用贤退婚的吴之彦。此段记载应是可信的。

第二章　赵琦美交游考

赵琦美一生爱书，相交往的朋友多为藏书家，很多与其父赵用贤亦有往来。与赵琦美来往并见于文献的有钱谦益、于小谷父子、秦四麟父子、梅鼎祚、焦竑、冯梦祯等人。在政治上，赵琦美更倾向于与东林党人相交，如钱谦益便是明末东林党的领袖，赵琦美的亲家缪昌期亦在东林党中有重要位置。

第一节　以藏书为中心的交友

众所周知，赵琦美的藏书在赵氏生前大部分赠予钱谦益，然笔者日前查考文献，发现赵氏藏书除钱谦益外，还给了常熟藏书家冯舒。

钱谦益（1582—1664），字受之，号牧斋，江苏常熟人，万历三十八年庚戌科进士，明末东林党领袖，在《东林点将录》中被称为“浪子燕青”。明亡后投降清廷，官至礼部侍郎，是清初诗坛的盟主之一，著《初学集》一百卷、《有学集》四十卷，编《列朝诗集》一百卷等，有藏书楼绛云楼。钱谦益与赵氏父子私交甚笃，曾为赵用贤、赵琦美、赵隆美、赵用贤之女赵孺人写过墓志铭，钱谦益最为亲近的同族兄长钱谦贞[1]的长子钱孙保娶了赵琦美之侄赵士春的女儿。钱谦贞是与钱谦益最为亲近的同曾祖兄弟，亦致力藏书、校勘之业，筑藏书楼怀古堂。

赵琦美将钱谦益纂修的《海虞钱氏家乘》收录于《脉望馆书目》中，此为赵琦美除《赵氏宗谱》《孔氏家志》外收录的唯一家乘。因着这层层关系，赵琦美将自己在武康别业的千卷藏书给了钱谦益。

冯舒（1593—1645），字已苍，号默庵，又号癸巳老人，江苏常熟人，冯复京之子，与弟弟冯班并自为明末清初学者，世称“海虞二冯”。冯舒生平事迹收录于《藏书纪事诗》，有藏书楼空居阁，藏书印“空居阁”“上党大冯收藏图书记”等。《重修常昭合志》载：“吾邑嗜手钞者，冯舒、陆贻典为最。”[2]冯氏兄弟的抄本以抄写精良在古代版刻历史中享有

[1] 钱谦益祖父钱顺时，嘉靖己未进士，只是在钱谦益之父钱世扬七岁时去世，钱世扬由钱顺时之弟钱顺德抚养长大，钱顺德为嘉靖乙丑进士，其孙钱谦贞。

[2] 丁祖荫：《常熟艺文志》一卷，1937年铅印本。

盛名，世称“冯抄本”。冯舒著有《空居阁杂文》《空居阁诗集》《北征集》《浮海集》《秉烛斋文》等[1]。据《带经堂书目》记载：

> 《权文公集》五十卷（旧刊本），赵清常空居阁藏书，唐权德舆撰……《白氏长庆集》七十二卷（兰雪堂活字本），赵清常空居阁臧[2]书，唐白居易撰末附赵清常（琦美）先生跋……《乐静集》三十卷（旧钞本），赵清常空居阁藏书，宋李昭玘撰。[3]

其中可看出《权文公集》《白氏长庆集》《乐静集》皆属于冯舒从赵琦美手中所得。

董其昌曾在赵琦美藏书中留下跋记。两人亦是好友。董其昌（1555—1636），字玄宰，号思白，又号香光居士，松江华亭人，明代书画家、文学家。万历十七年进士，授翰林院编修，官至南京礼部尚书。董其昌存世作品有《岩居图》《秋兴八景图册》《昼锦堂图》等，著有《画禅室随笔》《容台文集》等。董其昌与赵琦美私交甚笃，两人与很多同在京的南方籍同僚一起捐资刻经[4]。众人捐资从北京石灯庵刻好后送至房山石窟，这就是房山石经明代的重要组成。赵琦美曾梓刊过《法宝坛经》，万历四十八年其重新出资助刻，有“闽中释真静书丹，

---

[1] 〔清〕杨振藻：《常熟县志》二十六卷末一卷，清康熙二十六年（1687）刻本，卷二十三。

[2] 疑似“藏”。

[3] 〔清〕陈树杓：《带经堂书目》四卷，清宣统铅印本，卷四。

[4] 参与此事的还有冯铨、王思任、黄汝亨等。

盩屋[1]住山比丘圆载、西吴学人真程同校”，收录于《房山石经》之中[2]。董其昌在给许宏纲撰写的墓志铭中，屡次提及赵琦美。此外，在赵琦美所藏《脉望馆钞校本古今杂剧》中，除赵琦美自己的跋语外，有四处是董其昌作跋，其中有一条涉及时间：“崇祯纪元二月之望，偕友南下。舟次无眠，读此消夜，颇得卷中之味。”[3]说明崇祯元年此套书在董其昌之手。

许宏纲（1554—1638），字张之，自号少微居士，明万历庚辰（1580）进士，官至南京兵部尚书，赠太子少保。赵琦美过世后，因一些原因无法落叶归根，许宏纲为之周旋。董其昌对此事做了详细记载，并直言此行为“师友深情，生死交谊，不愧古人矣。”[4]从中可以看出，许宏纲与赵用贤、赵琦美父子私交甚笃。

秦四麟，字季公（一曰号季公），江苏常熟人，万历年间贡生，为明代藏书家、刻书家、词人，有藏书楼致爽阁，其生平事迹收录于明冯复京撰《常熟先贤事略》及清叶昌炽撰《藏书纪事诗》，藏书印“秦季公”“又玄亭收藏图书印”等。秦四麟好抄书，其抄本与毛晋、钱谦益、冯氏兄弟抄本并列为四大抄本。秦四麟父子与赵琦美交往密切，据《铁网珊瑚》赵琦美跋云：

---

[1] 疑似“厔”，盩厔在陕西省，今作周至。

[2]《房山石经》，第29册，华夏出版社2000年版，第1页。

[3]《孟母三移》，《脉望馆钞校本古今杂剧》第43本，《古本戏曲丛刊》第四集，商务印书馆1958年版。

[4]〔明〕董其昌：《容台文集》九卷，明崇祯三年（1630）刻本，卷八《封简讨少微许公墓志铭》。

吾海虞秦酉岩四麟所藏也。其伯子小酉君有田在东门之外，予有池与之邻，其价可数金。小酉靳以此书暨旧板《太上感应篇》易去，事在丁酉之年。[1]

赵琦美与秦四麟长子秦小酉有田、池相邻，其常向秦氏父子购买、借录藏书。据《杨衒之洛阳伽蓝记》赵琦美跋云："因购得陈锡玄、秦酉岩、顾宁宇、孙兰公四家抄本。"[2]秦四麟在其所撰《录异记》跋中称："万历己丑首夏，赵子玄度访予斋居，欲得文中子《元经》，予举以赠之。因语予近得杜光庭《录异记》，凡八卷，予请借观。去数日，录一册见赠。"[3]

孙允伽（1571—1639），字唐卿，自署胤伽、东川居士，为明代藏书家、文学家孙楼之孙，承祖业，喜爱藏书，多藏异本，其生平事迹收录于《藏书纪事诗》，藏书印"孙唐卿收藏"，有藏书楼春雪楼。赵琦美撰《文房四谱》跋："戊申八月，友人孙唐卿（唐卿名允伽）自家山来，奚囊中持此书，因借录并校其跋。"[4]孙允伽为秦四麟女婿，可知赵琦美不光与秦氏父子交好，与其姻亲亦在藏书上有交集。

梅鼎祚在《答王元祯》中记载了与赵琦美、冯梦祯相约抄书的事情：

往尝与刘子威、焦弱侯两公言："书能一人读，不能一

[1]〔明〕朱存理撰，赵琦美编：《赵氏铁网珊瑚》，上海古籍出版社1991年版，第830页。

[2]〔清〕钱曾：《读书敏求记》，书目文献出版社1984年版，第57页。

[3]〔清〕黄丕烈：《黄丕烈藏书题跋集》，上海古籍出版社2015年版，黄丕烈过录明抄本，第353页。

[4]〔清〕叶昌炽：《藏书纪事诗》，北京燕山出版社1999年版，第190页。

人藏。”冯开之及海虞赵玄度曾约弟集海内藏书家，每三年则一会于南都或武林，各出所得，互相传。[1]

梅鼎祚（1549—1618）[2]，字禹金，号胜乐道人，安徽宣城人。其父梅守德，为嘉靖间进士，官至云南参政。梅鼎祚以古学为己任，王世贞尝称之。申时行推荐其入仕，其辞而不赴，归隐书带园。梅鼎祚一生专注于诗文典籍的搜集编辑和戏剧创作，作《玉合记》被收录于毛晋《六十种曲》中。诗文有《梅禹金集》二十卷，小说《才鬼记》十六卷，《青泥莲花记》十三卷，其他著作有《鹿裘石室集》《唐乐苑》《古乐苑》等。梅鼎祚除了与赵琦美相约抄书外，在与焦竑的通信中还让焦竑向赵琦美借书抄录，《与焦弱侯太史》称“当乞玄度丈赴虞山……且从玄度借书。”[3]赵琦美则常与焦竑互借藏书抄录，此事钱曾曾在其所有的赵琦美旧藏《职官分纪》中题跋详述：

清常道人惜旧抄讹谬，借金陵焦太史本仇勘；而焦本亦多残缺，复赖此本是正之。清常又从书贾搜得宋椠本第七卷补订入。[4]

赵琦美自己亦曾记载，如《铁网珊瑚》跋曰：

越十三年，予官留台，借焦弱侯先生本校之，且卷帙多于予所藏本，为增《书品》六卷，合十卷，《画品》二卷，合

[1]〔明〕梅鼎祚：《续修四库全书·集部·别集类·鹿裘石室集》，上海古籍出版社2002年版，第633页。
[2]《明人传记索引资料》，文史哲出版社1978年版，第506页。
[3]〔明〕梅鼎祚：《续修四库全书·集部·别集类·鹿裘石室集》，上海古籍出版社2002年版，第624页。
[4]〔清〕钱曾撰：《读书敏求记》，书目文献出版社1984年版，第36页。

六卷，总得一十六卷。其先后次序，予辙为隲[1]定焉。[2]

焦竑（1541—1620），字弱侯，号漪园、澹园，江苏江宁人，飞骑尉焦文杰子，明代文学家、史学家、藏书家。万历十七年（1589）己丑科一甲第一名进士，官翰林院修撰，《明史》称其“性复疏直，时事有不可，辄形之言论，政府恶之，谪福宁州同知”。年八十卒，福王时追谥文宪，《明史》为其以文苑立传。焦竑著述繁多，卷目可分为三大类：自撰类、评点类、编纂类。自撰类有《澹园集》四十九卷、《焦弱侯问答》一卷等。评点类有《新铸翰林三状元会选二十九子品汇释评》二十卷、《苏长公二妙集》二十二卷、《老子读注评林》四卷等。编纂类有《国朝献徵录》一百二十卷、《皇明人物考》六卷等。其中《国朝献徵录》收录了赵琦美祖父赵承谦、父亲赵用贤的行状。焦竑亦是一位藏书家，其行迹收录于《藏书纪事诗》“藏书两楼，五楹俱满。东南藏书，当时以其为最。”[3]藏书印有“澹园焦氏珍藏”“弱侯”“抱翁斋”等。焦竑藏书亦在乎版本，其藏宋板《演繁露》，明板《事类赋》均收录于《天禄琳琅》。其收藏的《东皋子集》在当时便非常罕见，赵琦美曾借出抄录，流传至今。钱曾曾记载此事：

吕才仲英鸠访无功遗文，辑成一书，其集今世罕传。清

---

[1] 疑似“骘”。

[2] 〔明〕朱存理撰，赵琦美编：《赵氏铁网珊瑚》，上海古籍出版社1991年版，第830页。

[3] 〔清〕叶昌炽：《藏书纪事诗》，北京燕山出版社1999年版，第231页。

常道人从金陵焦太史本录出。[1]

与赵琦美、梅鼎祚一起抄书的还有文人冯梦祯。冯梦祯（1548—1605），字开之，号具区，又号真实居士，明代诗人。万历五年丁丑进士，授官翰林院编修。万历十五年丁亥因得罪宰相张居正，被外谪广德州判，复又累迁南国子监祭酒，四年后去职，隐居杭州孤山，钱谦益曾为其写墓志铭收录于《牧斋初学集》中。冯梦祯著有《快雪堂集》六十四卷，《快雪堂漫录》一卷，《历代贡举志》等。冯梦祯不仅与赵琦美相约抄书，与赵琦美之父赵用贤亦有书信往来，“得赵定宇先生札”[2]。虽文献资料不足，但仍可看出冯梦祯与赵琦美父子时有往来。

冯仲缨，又称冯沧洲，浙江山阴人，生平录著较少，万历壬辰年曾随军队援朝鲜，任参军，属袁黄麾下。冯仲缨曾向朝鲜人尹根寿索书，据《答冯参军书》载：“《东国舆图志》、《东国通鉴》二书，平时固可得，而兵乱后书籍荡然。”[3]《脉望馆书目》中，单列“外夷”一栏，赵琦美藏《东国史略》跋：“于燕京冯沧洲仲缨斋头见之，因借录一册。”可知赵琦美藏域外书籍受冯仲缨影响颇多。

赵琦美还曾借胡震亨的藏书抄录，“其书借海盐胡孝辕氏藏本所录”[4]。胡震亨题序的《周髀算经》由赵开美校。胡震亨

[1]〔清〕钱曾：《读书敏求记》，书目文献出版社1984年版，第121页。
[2]〔明〕冯梦祯：《快雪堂日记》，凤凰出版社2010年版，第70页。
[3]〔朝鲜〕尹根寿：《月汀集》，《韩国文集丛刊》第47册，民族文化推进会2000年版，第259页。
[4]〔元〕张昱：《张光弼诗集》七卷，明天启元年（1621）抄本。

（1569—1645），字孝辕，号赤诚山人，浙江海盐县人，明代文学家、藏书家。万历二十五年中举人，为合肥知县，擢兵部员外郎，辞官归隐。胡震亨喜研兵书，与抗击后进的名将刘铤为友，研讨兵事。有藏书楼为“好古楼”，收藏图书万余卷，偏重收集文学、词学图书，其事迹收录于《藏书纪事诗》。胡震亨曾以一己之力辑《唐音通鉴》，清代纂修《全唐诗》便是以此为蓝本，又编纂刊辑有《李诗通》《杜诗通》《秘册汇函》，另著有《靖康资鉴录》《赤城山人稿》《海盐图经》《读书杂录》等。其中《秘册汇函》中收录多本赵琦美藏书，如《道德指归论》《录异记》《易传》等。胡震亨曾记：“参错难解，几欲废去，更从吴中赵玄度假得善本足之。”[1]遗憾的是《秘册汇函》编纂完成尚未刊印之时，遇大火板毁，残板并入毛晋《逮津秘书》。

在戏曲藏书方面对赵琦美影响最深的应是于慎行、于小谷父子。现存《脉望馆钞校本古今杂剧》中，便有多本赵琦美题跋，显示借录于小谷本的杂剧。于慎行（1545—1607），字可远，又字无垢。明隆庆二年进士，改庶吉士，授编修，后与赵琦美之父赵用贤同朝为官，与赵用贤一样，在张居正“夺情”事件中，因上疏谏言，辞官归家。张居正过世后，起官至礼部尚书、东阁大学士，后为内阁首辅，赠太子太保，谥文定，《明史》有传，《国朝献徵录》收录其墓志铭。于慎行本无子，以其弟之子于纬为嗣，便是赵琦美跋语中所提到的于小谷。万

[1]〔明〕胡震亨：《书〈齐民要术〉后》，《津逮秘书》第三集，上海博古斋1922年版。

历四十三年于小谷以其父于慎行荫为中书舍人，最终官至广东雷州府知府。赵用贤《松石斋文集》卷二十六中有与于慎行所通书信，可见二人有所交往。赵琦美与于小谷有先人之好，赵琦美亦与于小谷同朝为官，得借其藏书，还过录了部分于慎行对杂剧的见解，如《布袋和尚忍字记》著者郑廷玉旁，赵琦美题："于谷峰先生查元人孟寿卿作"。

赵琦美藏书中有部分内阁本，据目前可查阅到的题跋可知《数书九章》与《数类》皆为借王云来本抄录。赵琦美抄《数书九章》现存国家图书馆，跋曰：

> 《数书》十卷，系赞九章序。东鲁秦九韶所作。而书不著作者姓名，岂即九韶所著耶？淳祐七年，宋理宗年号。此书原阁钞本，会稽王云来应遴录得，予借录一过。册元止名《数书》，"九章"二字乃王添入。王有志经济，上书修《大明一统志》，已得旨。而礼曹不为一覆，今王已私修，俟覆开局也，岂非志士乎？万历四十四年丙辰孟秋晦日清常道人琦美记。
>
> 《数书九章》十八卷，宋淳祐间鲁郡秦九韶撰。会稽王应遴堇父借阁钞本而录也，予转假录之。原无目录，予为增入。时万历四十五年新正五日清常道人赵琦美记。[1]

王应遴，字堇父，号云来，别署云来居士，浙江山阴人。万历四十六年戊午科以副榜恩贡，阁臣叶向高荐，授内阁中

[1]〔宋〕秦九韶：《数书九章》，商务印书馆1937年版，第4页。第一条序跋国图藏本（善本借阅号03485）多改笔。

书，同修两朝实录、玉牒，晋大理寺评事。王应遴工诗文，精通历象医术，尤爱戏曲，撰有杂剧《逍遥游》(又名《衍庄新调》)，《曲录》传于世。传奇《清凉扇》《离魂记》两种。另有《王应遴杂集》《乾图说》《慈无量集》等。赵琦美在京任职时，常前往王家。钱曾记载：

赵清常知王元韬家所藏，录于阁本未失之前，因假借缮。完书之难如此，睹清常跋语，为之抚卷浩叹。[1]

赵琦美在南京为官期间，曾多次于张浙门处借书抄录。据《资治通鉴纲目集览镌误》跋云：

张浙门氏原本，录于白门官舍。时万历三十五年五月初十，海虞赵琦美志。[2]

又有《元故宫遗录》跋云：

三十八年庚戌，于金陵得张浙门墨本，为校正数十字，置之箧中。[3]

张浙门其人，相关记载极少，只能通过其他人的校跋寻找线索。徐惟起在《重编红雨楼题跋》中说："程氏《演繁露》，包罗名物，博极群书。余久知其书，每以未见为恨。丙午，客游金陵，见谢在杭案上有此本，询之，乃知始得之山阴张浙门，张得之焦漪园，盖钞之秘阁者也。"[4]可知，张浙门本为浙江

[1]〔清〕钱曾：《读书敏求记》，书目文献出版社1984年版，第118页。
[2]〔明〕瞿佑：《资治通鉴纲目集览镌误》，明万历三十五年(1607)抄本，卷首。
[3]〔明〕萧洵：《元故宫遗录》，商务印书馆1936年版，第1页。
[4]〔明〕徐惟起：《重编红雨楼题跋》二卷，1914年峭帆楼刻本，卷一。

山阴人，常居南京。徐惟起与谢在杭同为福建人，谢在杭万历三十三年任南京刑部主事，其生平事迹收录于《藏书纪事诗》中。张浙门与赵琦美、焦竑、谢在杭、徐惟起等人在藏书之事上均有往来，可知张浙门亦应为藏书爱好者。

赵琦美官南京都察院照磨时，孙矿任南京兵部尚书。孙矿（1540—1613），字文融，号月峰，浙江余姚人。孙矿出身官宦世家，其祖父孙燧，弘治六年进士，官至右副都御史，赠礼部尚书。其父孙陞，嘉靖十四年进士，官至南礼部尚书。孙矿本人万历二年，会试第一，殿试第四名进士，为文选侍郎，累进兵部侍郎，曾代顾养谦经略朝鲜，后官至南京兵部尚书，孙家三代《明史》具有载。赵琦美在《鹤林玉露》跋云："今兹大司马孙老先生欲重修留台旧本，美实承先生之命暨堂翁丁老先生之委，董其双对。"说明因为孙矿想重修《鹤林玉露》，赵琦美帮其完成。鹤林玉露本有万历七年南台刻本，万历三十六年由赵琦美补正重印，且附补遗二十条。

赵琦美与同僚李云鹄私交甚笃，探讨藏书。《酉阳杂俎》赵琦美撰序云：

> 丁未，官留台侍御内乡李公有士安、元凯之僻，与美同好，自美案头见之，欣然欲刻焉。美曰："子不语怪，而《杂俎》所记多怪事，奈何先生广齐谐也？"先生曰："否，否。禹铸九鼎而神奸别，周公序《山海经》而奇邪著，使人不逢不若焉。"[1]

[1]〔唐〕段成式：《酉阳杂俎》，中华书局1981年版，第293页。

赵琦美与李云鹄都对《酉阳杂俎》感兴趣，此书并不符合传统儒家思想，可谓怪力乱神，最终由赵琦美校、刻，李云鹄负责刊行，流传至今。李云鹄，字黄羽，万历二十年（1592）壬辰科第三甲赐同进士出身。

赵琦美与王世贞暂无文献记载的交往，但是赵家与王家却交谊匪浅。王世贞（1526—1590）是明代文学家、史学家、藏书家，字元美，号凤洲，又号弇州山人，嘉靖二十六年（1547）进士，授刑部主事，官至南京刑部尚书，藏书处曰“小酉馆”，藏书多达三万卷，多宋版精本。赵琦美之父赵用贤与王世贞“相切劘古文辞，有集若干卷藏于家”。王世贞将其与京山李维桢、鄞屠隆、南乐魏允中、兰溪胡应麟并称“五子”，为赵琦美祖父赵承谦撰写《广东布政司右参议益斋赵公传》。据《古今图书集成》中《明伦汇编·闺媛典·闺节部》所载，赵琦美之弟赵祖美娶太常少卿王世懋之女。王世懋字敬美，别号麟州，时称少美，为嘉靖进士，官至太常少卿，喜藏书画，为王世贞之弟。、

第二节　为赵琦美著作作序者

赵琦美著《容台小草》由冯维位、陆化熙作序。冯维位直言“（赵琦美）以荫入官，非其志也。故太常有如白，如白不有太常也。”可看出其与赵琦美相交匪浅，了解赵琦美在京为官的难处。冯维位（1569—1648），字汝顺，又字居易，号

行素。“府庠生，入太学，以功授贡士，选授通判。”[1]陆化熙，字羽明，常熟人，万历四十一年癸丑科殿试金榜第二甲第四十五名进士，官至广西提学佥事，撰《诗通》四卷、《目营小辑》四卷等，收录于《四库全书》。《诗通》是明中后期以文学角度研究《诗经》的作品，凌濛初著作《诗逆》亦对其有引用。陆化熙在《赵奉常三续江南春引》中称赵琦美之词“自填词以推，又安能窥如白之才之所止哉”，落款“友弟陆化熙羽明漫题”，是为赵琦美作序文中唯一用印的。

《栢台草》中为赵琦美作序的是谢兆申。谢兆申为明藏书家、文学家，字耳伯，自称太弋山樵，福建邵武人，万历年贡生，官居山西司后布政，卒于湖北麻城。谢兆申酷爱藏书，有书六万卷，“兀坐一室，四面皆书，仅容一身”[2]。其与同为福建的藏书家徐惟起私交甚笃。谢兆申一生刊刻图籍甚多，校刻《文心雕龙》，版本甚精。家藏抄本有宋刘昌诗《芦浦笔记》十卷，元张雨《张伯雨诗》三卷，明龚立本《松窗快笔》二卷。其生平行迹收录于《藏书纪事诗》，著有《谢兆申诗文稿》八卷，文集十六卷，合称《谢耳北诗文集》等。赵琦美曾以谢兆申本为底本，校《水经注》，成为郦学研究上的重要版本。《鲒埼亭集》中记载赵琦美曾经三校水经注，分别是万历丙午年，万历己酉年和万历庚戌年。分别以宋本、谢兆申本和黄省曾本校勘。赵琦美还曾借校谢兆申所藏宋刻《张右史集》。

[1] 陈福康：《崇祯末〈心史〉刊刻经过及序跋者考》，《学术月刊》1998年12期。

[2] 〔清〕叶昌炽：《藏书纪事诗》，北京燕山出版社1999年版，第240页。

第三节　姻亲

《脉望馆书目·家乘》载：

女三，长适瞿式耒，次适江阴缪贞白，次适钱韩昌。[1]

赵琦美长女婿瞿式耒，早年字起周，后由钱谦益改字为文潜。钱谦益撰《瞿少潜字序》言其字源自北宋诗人张耒。瞿式耒与瞿式耜同拜师于东林党魁钱谦益门下研习，后瞿式耒官至涪州通判，卒于官，钱谦益为其作传收录于《牧斋初学集》。瞿家是官宦世家，瞿式耒祖父瞿景淳，官至礼部侍郎兼翰林院学士，曾刊刻宋吕祖谦《精选东莱先生左氏博议句解》十六卷，著有《瞿文懿公集》十六卷。赵琦美的亲家，瞿式耒的父亲瞿汝稷（1548—1610），字元立，号洞观，江苏常熟人，以其父瞿景淳官荫受职，三迁至刑部主事，出知辰州府，任职长芦盐运使，累官至太仆少卿，《明史》为其立传，钱谦益将其生平行迹收录于《牧斋初学集》，撰《瞿元立画像赞有序》。著有《石经大学质疑》《兵略纂要》等。为赵琦美之父赵用贤撰写《嘉议大夫吏部左侍郎定宇赵公用贤行状》，收录于《瞿冏卿集》。瞿家与赵家为世交。瞿景淳为赵用贤之师，《嘉议大夫吏部左侍郎定宇赵公行状》曾记载："先文懿之弃，某甫弱冠，而与里之钜公仇构，

[1]〔明〕赵琦美：《脉望馆书目》不分卷，清同治六年（1867）抄本，赵少琴撰《家乘》。

公挺身卵翼……公应曰：‘先师之子某，所持甚直而正，某固不能背先师，尤不能丑直害正也。’”[1]当瞿景淳之子瞿汝稷遇麻烦时，赵用贤出面为其周旋。瞿式耒伯父瞿汝说，曾任工部营缮司主事、湖广学政，官至广东布政使参政，万历三十八年刻施策编《崇王文选》十二卷[2]，与赵琦美胞弟赵祖美、钱谦益同在拂水山房文社。

赵琦美次女嫁给缪昌期第三子缪贞白，亲家缪昌期（1562—1626），字当时，一字又元，号西溪，福王时追谥文贞，江苏江阴人。缪昌期为万历四十一年进士，选翰林院庶吉士，授职检讨，因身为东林党人，弹劾魏忠贤，而被陷害入狱，蒙冤而死，《明史》为其立传，钱谦益为其撰行状收录于《牧斋初学集》。著有《从野堂存稿》八卷、《周易九鼎》十六卷、《四书九鼎》十四卷、《缪氏家训》等。在《东林点将录》中，缪昌期被称为“智多星吴用”。缪昌期与王士骐、杨涟等人写信时，多有提及赵琦美，并以“舍亲”相称。

《东林点将录》中“神医安道全”为明代名医缪希雍，其马缪昌期为同族至交。缪希雍（1553[3]—1627），字仲淳，号慕台，江苏常熟人，由儒入医，著有《先醒斋医学广笔记》《葬经翼》《神农本草经疏》《本草单方》等。缪希雍曾多次为缪昌

---

[1]〔明〕瞿汝稷：《瞿冏卿集》十四卷附录一卷，明万历三十九年（1611）刻本，卷十《嘉议大夫吏部左侍郎定宇赵公行状》。

[2]程体壕：《明代中后期常熟藏书家刻书及文学活动研究》，2014年硕士论文，延边大学。

[3]褚玄仁、张耀宗：《缪仲淳的生年和葬地》，《南京中医药大学学报》2010年2期。

期传递消息，《明史》为其立传，附于李时珍传后，称其："精通医术，治病多奇中。"冯梦祯为缪希雍之母周孺人撰《缪母周孺人墓志铭》。缪昌期与缪希雍共同好友杨涟，为万历三十五年进士，是常熟知县，几人常在东林书院相聚。缪希雍与赵用贤、赵琦美父子相识则更早，因缪宅与赵宅相邻〔缪宅位于中巷，过书院街至南赵弄，距脉望馆步行四百二十二米（实地勘测）〕。缪希雍自言"从敝邑见赵少宰家藏宋版仲景《伤寒论》，皆北宋善板，始终详检"[1]，可见缪希雍曾于脉望馆借阅医书，阅览过赵琦美刊刻的《仲景全书》。赵琦美的弟弟赵隆美顽痰积血，被缪希雍以霞天膏治愈。[2]

赵琦美三女嫁给钱达道之子钱韩昌（李祯作钱昌韩）。钱达道，字培垣，常熟县鹿苑奚浦人，与钱谦益之父钱景行同宗且交好，著《鹿苑闲谈》，刻《吴越备史》等。

明代藏书家何大成是赵琦美的妹婿，与赵琦美在藏书上多有相交。何大成，原名之柱，字君立，晚自称慈公，为万历甲戌科进士，兴化推官何矿孤孙，邑痒生，有藏书楼娱野园，藏书印为"吴郡何慈公娱野园珍藏书籍印"，刊刻有《唐伯虎先生集》《六如唐先生画谱》，著作有《娱野园集》，其生平行迹收录于《藏书纪事诗》。据陆铣《前征士慈公何君墓表》载："雄俊如赵文毅（赵用贤）而为之妇翁，以高介如顾朗仲（顾云

[1]〔明〕缪希雍：《神农本草经疏谬》，中医文献出版社2017年版，第37页。
[2]〔明〕缪希雍：《先醒斋医学广笔记》，科技卫生出版社1958年版，第42页。

鸿）而缔之姻盟，以博雅如陈锡玄（陈禹谟）而延之署。"[1]可看出何大成交际甚广，赵用贤以品性刚直闻名，顾云鸿以忠孝名节为己任，二人对何大成均非常赏识，结为姻亲。赵琦美因着这层关系，与何大成在藏书上互有交往，更将自己的藏书《文潞公集》送给何大成，《文潞公集》收录于《脉望馆书目》"冬字号宋人集"中。《藏书纪事诗》中详细记载此事：

> 滂喜斋藏明刻《文潞公集》，前有"赵琦美印"，后有楷书钤记，云："吴郡何慈公娱野园珍藏书籍。"卷末有慈公手跋，云："崇祯壬午，吴君平以是集求售，故内兄元度物也。"元度，即琦美之字。然则，慈公妇为赵氏矣。[2]

何大成与得到赵氏藏书的冯舒关系非常好，冯舒曾为其作传，调侃称其："君性伉急，擅骂人，妇更其妒……与余最善，得一书，必相通假，约日还。风雨不误。"[3]何大成则自作有《同冯已苍昆季入寒山抄〈玉台新咏〉毕，遂游天平》一诗："忆昨小宛堂，抄书忘日昃。手如蚕食桑，心似蜂营蜜。"记录他与冯舒、冯班兄弟听说寒山赵宧光藏有宋本《玉台新咏》一书，但赵宧光不肯借出，三人不顾寒冬飞雪，自带纸、笔和干粮，前往寒山昼夜抄录之事。

赵琦美一生未考取科举，而以父荫历官，其行迹以虞山邑中、南京、北京为主，其目的多与藏书有关。在这些交游对象

---

[1]〔清〕吴卓羲：《桂村小志》，《常熟乡镇旧志集成》，广陵书社2007年版，第440页。
[2]〔清〕叶昌炽：《藏书纪事诗》，北京燕山出版社1999年版，第210页。
[3]〔明〕冯舒：《怀旧集》，商务印书社1936年版，第4页。

中，可看出赵琦美所交多为望族。同邑钱氏家族、瞿氏家族、孙氏家族，江阴缪氏家族、山东于氏家族，均与赵氏有联系。其中瞿氏、缪氏、于氏为官宦世家，而赵琦美选择与瞿氏、缪氏、钱氏结为亲家，可见其除酷爱藏书外，在仕途上亦思进展。

第三章　赵琦美藏书研究

赵琦美藏书楼名为脉望馆，“脉望”一词来源于《酉阳杂俎》：“据《仙经》曰：蠹鱼三食神仙字，则化为此物，名曰脉望。”[1]赵琦美刊刻《仲景全书·伤寒论》卷四末及卷十末有赵氏藏书印“东海仙蠹室藏”。钱曾《读书敏求记》中言：“牧翁绛云楼，读书者之藏书也；赵清常脉望馆，藏书者之藏书也。”[2]可看出脉望馆确实是赵琦美的藏书楼之名。

[1]〔唐〕段式成:《酉阳杂俎》，中华书局1981年版，第215页。
[2]〔清〕钱曾:《读书敏求记》，书目文献出版社1984年版，第57页。

第一节　藏书楼与藏书印

脉望馆位于赵用贤宅内，赵用贤宅位于江苏常熟南赵弄十号，为常熟现存最完整的明代民居，如今是虞山派古琴艺术馆所在地，为省级保护单位。宅院坐北朝南，东起西泾岸，西至金李庵桥北头。原为东、中、西三组轴线建筑，东、西轴线已毁，中轴线上为三进房屋。第一进为门房，曾有“探花第”匾额[1]，门屋以山柱分隔前后，后连檐廊，檐下施五彩单翘单昂斗拱，外观庄重。门基尚存，刻有鹤和如意。第二进为正厅，有匾“保闲堂”，五架梁，梁上雕刻有鹤、荷叶等图案，斗拱上施彩绘装饰。明间为抬梁式，次间为穿斗式，主次分明，布局考究。柱基尚存，刻有花卉。斗拱对称圆形乌纱帽翅花板，形制有趣。中轴线东侧，大厅边有三间书房，上有牌匾书“脈望館”三字（原匾已毁）。脉望馆内置落地长窗，雕花格扇俱全；厅前有小天井，原应有小池及湖石山子等物。第三进为内院，典型垂花门楼。

由脉望馆出，经北赵弄至天宁寺巷钱谦益绛云楼旧址，步行九百一十五米（实地勘测）。至虞山山麓则为一千四百米左右，可见脉望馆地理位置甚佳。

现已知赵琦美藏书印有三枚。《皇朝仕学规范》《圣宋皇祐

---

[1] 盖因赵琦美之侄赵士春崇祯十年探花及第，原匾已毁。

新乐图》《资治通鉴纲目集览镌误》上均有两枚藏书印：“绮美之印”“清白传家”。《仲景全书》上有藏书印：“东海仙蠹室藏。”《赤水玄珠》上亦有此印。

第二节　藏书来源

赵琦美藏书来源有家传、自己购买、借他人藏书抄录三部分。

赵琦美之父赵用贤有藏书楼，名为松石斋，著《赵定宇书目》，书目著录图书三千三百多种，是明代流传至今的几部目录之一，对于研究当时的古籍具有极高参考价值。如《赵定宇书目》保存了《稗统》二百四十四册的详细目录，同时，还列有《稗统后编》《稗统续编》的详目。虽然《稗统》散佚，但书目的留传仍使人对其有一个较全面的了解。对比《赵定宇书目》与《脉望馆书目》，有部分重复，说明赵琦美继承了赵用贤的大部分藏书。如《赵定宇书目》中有“杂剧三本”，《脉望馆书目》有“杂剧三本”“杂剧四本”两种；《赵定宇书目》中有“王建宫词一本”，《脉望馆书目》中有“王建宫词一本”“王建宫词二本”两种。可知赵琦美即便是有新藏书，列书目时亦将其与赵用贤所留藏书分开列目。以词曲类为例，《赵定宇书目》二十七种[1]，重复部分有十五种，列于下：

[1]〔明〕赵用贤：《赵定宇书目》，上海古籍出版社2005年版，第61页。

《赵定宇书目》	《脉望馆书目》
碧山乐府二本	碧山乐府二本
紫金钗一本	紫金钗一本
云林清赏一本	云林清赏一本
风雅遗音一本	风雅遗音一本
张子野词一本	张子野词一本
琵琶记一本	琵琶记一本
馀清词集一本	馀清词集一本
杂剧三本	杂剧三本
还带记一本	还带记一本
立斋词一本	立斋词一本
花蕊宫词一本	花蕊宫词一本
王歧宫词一本	王歧宫词一本
花间集一本	花间集一本

据孙毓修在《脉望馆书目跋》中称“有注‘大官人’、‘二官人’者，‘大官人’即清常，‘二官人’谓际美，字文度，由刑部郎中出知叙州府，清常同怀弟也。”[1]可看出，《脉望馆书目》虽然由赵琦美所著，但由家门仆抄写。书目中涉及的“老老爷”应指赵琦美之祖赵承谦，“老爷”应指赵琦美之父赵用贤。《脉望馆书目》中涉及赵承谦与赵用贤的书目列表于下：

[1]〔清〕孙毓修：《脉望馆书目跋》，《涵芬楼秘笈》第六集，商务印书馆1924年版，第1页。

序号	类别	书名	册数
1	玄字号　史类一　正史	老爷批点后汉书	二十四本
2	玄字号　史类一　正史	老爷批点前汉书	二十六本
3	宇字号　史类三　编年	老老爷手摘抄纲目	十二本
4	列字号　子类　类书	老爷批点艺文类聚	四厚本
5	暑字号　子类八　小说	老老爷乡会墨卷	一本
6	秋字号　集类二　总诗	老爷批点选诗补注	八本
7	收字号　集类三　唐人集	老爷点过韩文	六本
8	藏字号　集类五　本朝人诗文	老爷看过李空同集	十六本
9	吕字号　碑帖	老爷王伯谷赠帖	
10	吕字号　碑帖	老老爷赠帖	

从赵琦美校跋中可看出其购买藏书亦很多，如《元故宫遗录》《酉阳杂俎》等书皆购于吴门书摊上，亦曾从秦四麟等人手中购买藏书。同时赵琦美还借、抄亲友藏书，其在北京供职期间，有机会见到内阁本，便借出抄写。据钱曾记载：《王质诗总闻》赵清常从阁宋本抄录，惜缺二十余叶，藏书家无从借补，俟更觅之。《毛诗要义》此书二十卷，每卷分上下，目后载序、谱。赵清常从阁本抄录，其中脱简仍如之。[1]还从朋友王应遴处借抄内本，如《数书九章》十八卷跋："从会稽王应遴借阁抄本校录。"[2]《脉望馆书目》中的抄本列于下：

[1]〔清〕钱曾：《读书敏求记》，书目文献出版社1984年版，第6页。
[2]〔宋〕秦九韶：《数书九章》，商务印书馆1937年版，第4页。

序号	类别	书名	册数
1	黄字号　史类二　杂史	抄白路史	十一本
2	昃字号　子类一　法家	旧钞管子	二本
3	昃字号　子类一　道家	抄本抱朴子	四本
4	辰字号　子类二　医书总	钞本千金翼方	六本
5	辰字号　子类二　医书总	钞白药方	一本
6	张字号　子类五　地理	阴阳定论又钞白	一本

《脉望馆书目》所记载藏书比之《赵定宇书目》扩充至四千九百余种，两万余册。赵琦美在继承其祖、父藏书的基础上，又有了发展，对于文献保护发挥了非常重要的作用。

第三节　藏书校跋研究

从赵琦美藏书校跋可看出其校、刻藏书主要是为了保存经典古籍，供后者研究所用。正因为这样的心态，赵琦美并不藏私，如对钱谦益，将自己的藏书供其做学问。旧时文人士大夫藏书多重经史诗文，对戏曲剧本并不看重，即使收藏，亦不编目，如钱谦益《绛云楼书目》便并未收录杂剧。然而，《赵定宇书目》与《脉望馆书目》均曾收录杂剧，可见赵用贤、赵琦美父子并不在意。赵琦美所抄、校、藏的《脉望馆钞校本古今杂剧》，就算在当时，亦影响了晚明江南文人对戏本的汇刻。其专勤校抄的行为，开了当时对戏本藏书刻书的风气。因《脉望馆钞校本古今杂剧》并未收录于《脉望馆书目》中，故此，校跋研究中将其单列。。

(一)《脉望馆钞校本古今杂剧》

1938年，郑振铎于上海发现此书，历经周折终于买下，并将此过程记录于《西谛书话》之中：

> 然而我们却终于又发见了更大的一个元明杂剧的宝库，这宝库包含了二百四十二种的元明杂剧，在种数上，较之臧选更多到一倍半，而足以补臧选及他书之未及的。单在元剧方面，已有二十八种，明剧则有六种，元明之间，所谓“古今无名氏”所作的则有一百种以上。这宏伟丰富的宝库的打开，不仅在中国文学史上增添了许多本的名著，不仅在中国戏剧史上是一个奇迹，一个极重要的消息，一个变更了研究的种种传统观念的起点，而且在中国历史，社会史，经济史，文化史上也是一个最可惊人的整批重要资料的加入。这发见，在近五十年来，其重要，恐怕是仅次于敦煌石室与西陲的汉简的出世的。[1]

《脉望馆钞校本古今杂剧》现存共六十四册，收录元明杂剧二百四十二种，其中一百四十四本为孤本，现藏于国家图书馆。1958年，郑振铎先生将其全部收录于《古本戏曲丛刊》第四集中，并由商务印书社出版，这才使更多人了解其全貌。最早研究《脉望馆钞校本古今杂剧》的专著是孙楷第的《述也是园旧藏古今杂剧》，该书收录于《图书季刊专刊》第一种，1940年刊

[1] 郑振铎：《西谛书话》，三联书店出版社1981年版，第321页。

行，书名由历史学家陈垣题写。中华人民共和国成立之后，孙楷第重新补充修正，于1953年出版了《也是园古今杂剧考》，为《脉望馆钞校本古今杂剧》研究的奠基之作。因钱曾《也是园书目》中曾记载这些杂剧，故此早期称其为《也是园古今杂剧》。《脉望馆钞校本古今杂剧》收录元明杂剧分为抄本和刊本。抄本中又包括赵琦美抄录内府本、于小谷本和不知来历本。刊本有息机子刊元人杂剧选本、新安徐氏刊古名家杂剧本。

《脉望馆钞校本古今杂剧》中赵琦美的校跋主要集中在其抄的内府本与于小谷本中。孙楷第在《也是园杂剧考》中对内府本中赵琦美题跋有考证与研究，后中山大学长松纯子以《明代内府本杂剧研究》撰写博士论文，内容详实，故此对内府本校跋部分本文在此不作赘述。只提出几点补正。其一，孙楷第判断赵琦美抄校杂剧时间始于内府本校息机子刊本《望江亭中秋切鲙旦》的万历四十二年十二月[1]，然而《立功勋庆赏端阳》跋："万历四十二年甲寅正月廿一日，灯下校本，清常道人。"[2]故此，赵琦美抄校古今杂剧时间应为万历四十二年正月二十一日至万历四十五年十二月十九日。

其二，关于于小谷本部分，笔者统计赵琦美校录于小谷本具体剧目与孙楷第的统计有出入。孙楷第认为于小谷本共三十三本，收录《张天师明断辰钩月》，未列《黄廷道夜走流星马》。而根据《张天师明断辰钩月》跋："丁巳三月廿八日校，清常道

---

[1] 孙楷第:《也是园古今杂剧考》，上杂出版社1953年版，第6页。

[2]《立功勋庆赏端阳》,《脉望馆钞校本古今杂剧》第54本,《古本戏曲丛刊》第四集，商务印书馆1958年版。

人。”[1]《黄廷道夜走流行马》跋：“于小谷本录校。”[2]可看出，《黄廷道夜走流星马》确实为于小谷本，而《张天师明断辰钩月》存疑。

息机子刊本和新安徐氏刊本中，亦有多校于于小谷本，故此将跋文放在一起进行研究。赵琦美关于于小谷本的校跋可按内容分为四类，第一类有赵琦美评论内容：

剧名	时间
司马相如题桥记	万历四十三年七月二十三日
月夜淫奔记	万历四十三年三月五日
女学士明讲春秋	万历四十年五月十四日
雷泽遇仙记	万历四十五年五月五日
王文秀渭塘奇遇记	万里四十五年六月七日
秦月娥误失金环记	万历四十三年二月二十二日

第二类有抄校地点和时间的有两种：

剧名	时间	地点
十八学士登瀛洲	万历四十三年二月八日	昭陵公署
太乙仙夜断桃符记	万历四十四年四月一日	真如邸

[1]《张天师明断辰钩月》，《脉望馆钞校本古今杂剧》第38本，《古本戏曲丛刊》第四集，商务印书馆1958年版。

[2]《黄廷道走流星马》，《脉望馆钞校本古今杂剧》第33本，《古本戏曲丛刊》第四集，商务印书馆1958年版。

息机子刊本《刘晨阮肇误入天台》，校勘地点为紫禁城，"侍班待漏"[1]；新安徐氏刊本校于小谷本有《河南府张鼎勘头巾》，校勘地点为紫禁城，"侍班梳洗之余"[2]。

《脉望馆钞校本古今杂剧》中涉及"真如邸"的题跋有两处，其一为《望江亭中秋切鲙旦》跋："万历四十二年甲寅十二月二十日校内本于真如邸中，清常道人。"其二为《太乙仙夜断桃符记》跋："于小谷本录校，万历四十四年丙辰四月朔日校，是日始雷电雨，清常书于真如邸内。"关于"真如邸"的位置，目前有三种说法，其一，东南大学徐子方在其国家课题阶段性结项成果《关于赵琦美与抄校本古今杂剧的几个问题》中得出结论：真如邸是赵琦美的别业，位于上海[3]；其二，山东大学博士张倩倩在博士论文《元杂剧版本研究》中做出推测，认为是明代文人王化隆的居所，因王化隆字真如子[4]；其三，中山大学博士长纯松子在其博士论文《明代内府本杂剧》中言真如邸是于小谷的府邸，位于北京，但是并未解释真如的意思[5]。笔者认为真如邸应是赵琦美府邸，位于北京。

首先，上海与北京距离一千多公里，以明代交通看着实不

[1]《误入天台》，《脉望馆钞校本古今杂剧》第33本，《古本戏曲丛刊》第四集，商务印书馆1958年版。

[2]《勘头巾》，《脉望馆钞校本古今杂剧》第22本，《古本戏曲丛刊》第四集，商务印书馆1958年版。

[3] 徐子方：《关于赵琦美与抄校本古今杂剧的几个问题》，《戏曲艺术》2016年4期。

[4] 张倩倩：《元杂剧版本研究》，2016年博士论文，山东大学。

[5] 长纯松子：《明代内府本杂剧》，2009年博士论文，中山大学。

近，且上海真如与常熟脉望馆、赵琦美另一别业所在地武康均不相近，亦没有任何文献记载赵琦美到过上海。《望江亭中秋切鲙旦》跋："万历四十二年甲寅十二月二十日校内本于真如邸中，清常道人。"万历四十二年秋，赵琦美自太常寺典簿调任都察院都事，赵琦美自言"容台多暇，六日而成三续。秋间改栢台，阅半岁，始得四续。虽宪幕稍冗要，亦才尽江淹耳"。其政务繁忙之下，连和续《江南春》的精力都没有，奔波一千多公里，可能性不大。又如《太乙仙夜断桃符记》跋："于小谷本录校，万历四十四年丙辰四月朔日校，是日始雷电雨，清常书于真如邸内。"《众神圣庆贺元宵节》亦是校录于于小谷本，时间为万历四十四年四月二日。赵琦美借于小谷本抄录，带出千里之外，更不合情理。故此，真如邸不应在上海。

其二，王化隆著作《真如子醒言》虽为万历刻本，但根据所附序跋，萧良有所撰序言写于万历辛丑年即万历二十九年，曾可前所撰题跋落"赐进士及第翰林院国史编修长石曾可前"，曾可前为辛未科进士，故此，《真如子醒言》应完成于万历二十九年。《真如子醒言》署"广汉真如子王化隆撰，萧丁言吉甫父选，刘邦靖安父校"[1]。此处有一个疑问，萧良有、曾可前、萧丁言、刘邦靖均为汉阳人，且万历《汉阳府志》中有"王化隆"条目，为何言其"广汉"人？据嘉靖《汉阳府志·创置志·城垣》载："南沙洲、西孝感、北汉广。""汉阳城"称

[1]〔明〕王化隆：《真如子醒言》，《四库全书存目丛书·子部》九四册，齐鲁书社1996年版，第628页。

谓始于清代，推测“广汉”应是“汉广”之误。《汉阳府志》载：“贡生。县学。崇明主簿，才高学富。”[1]王化隆既然以贡生官崇明主簿，其在京时间应与撰写《真如子醒言》差不多，其时，赵琦美并未入仕，与王化隆应不相识。

其三，在于慎行与于小谷父子存留的文献中，并未找到与真如邸相符的描述或情况，无法证实其为于氏父子的宅邸。另据赵琦美题跋中描述的抄校于小谷本的情况：

万历四十四年十一月十四日，朝贺冬节，四鼓起，侍班梳洗之馀校于小谷本。清常道人。[2]

丁巳六月初八日四鼓，侍班待漏次校于小谷本。自去年八月雨后，此日方有雨寸许。清常道人。[3]

万历四十三年七月廿三日，漏下二鼓，校于小谷本。[4]

《包待制智斩鲁斋郎》一卷，元无名氏撰，万历十六年刊本，跋：万历四十四年十一月十二日长至夜校于小谷本。清常道人记。[5]

《十八学士登瀛洲》一卷，无名氏撰，钞本，跋：于小

[1] 武汉地方志办公室：《明万历汉阳府志校注》，武汉出版社2007年版，第393页。

[2]《勘头巾》，《脉望馆钞校本古今杂剧》第22本，《古本戏曲丛刊》第四集，商务印书馆1958年版。

[3]《误入天台》，《脉望馆钞校本古今杂剧》第33本，《古本戏曲丛刊》第四集，商务印书馆1958年版。

[4]《司马相如题桥记》，《脉望馆钞校本古今杂剧》第45本，《古本戏曲丛刊》第四集，商务印书馆1958年版。

[5]《鲁斋郎》，《脉望馆钞校本古今杂剧》第32本，《古本戏曲丛刊》第四集，商务印书馆1958年版。

谷本录校乙卯二月初八日有事昭陵书于公署。[1]

有事昭陵应为赵琦美出公差。所有抄校于小谷本的情况，并未有署于小谷邸，故此可看出，赵琦美抄校时，将于小谷的藏本借出，但时间不长，是以必须要尽快抄校完毕归还。且，赵琦美将内本拿到于小谷家抄校，可能性不大。由此可看出，“真如邸”应是赵琦美的宅邸。

从赵琦美撰写《洛阳伽蓝记》跋文：“校于燕山龙骧邸中。”[2]孙楷第根据明人张爵《京师五城坊巷胡同集》判断为西单牌楼东北龙骧卫胡同，确实为北京无疑，且赵氏习惯以胡同地名代指宅邸。复查多版明代北京地图，发现明代北京城阜财坊曾有真如寺。真如寺所处胡同，明代称真如寺胡同，位于现今头发胡同西段[3]。故此推测，“真如邸”应是赵琦美位于北京真如寺附近的宅邸。

剧名	时间
众僚友喜赏浣花溪	万历四十三年正月二十五日
董秀英花月东墙记	万历四十三年二月十九日
风月南牢记	万历四十三年三月二日
张于湖误宿女真观	万历四十三年四月七日
南极星度脱海棠仙	万历四十五年正月二十二日
冲漠子独步大罗天	万历四十五年正月二十八日
洛阳风月牡丹仙	万历四十五年正月二十九日

[1]《十八学士登瀛洲》，《脉望馆钞校本古今杂剧》第58本，《古本戏曲丛刊》第四集，商务印书馆1958年版。
[2]〔清〕钱曾：《读书敏求记》，书目文献出版社1984年版，第57页。
[3] 徐苹芳：《明清北京城图》，上海古籍出版社2012年版，第26页。

（续表）

剧名	时间
吕翁三化邯郸店	万历四十五年四月十八日
紫薇宫庆贺长春节	万历四十五年五月二十三日
庄周梦胡蝶	万历四十五年五月二十四日
好酒赵元遇上皇	万历四十五年六月七日
卓文君私奔相如	万历四十五年六月七日
雁门关存孝打虎	万历四十五年
众神圣庆贺元宵节	万历四十四年四月二日

第三类只有校录时间的：

其中息机子刊元人杂剧选本《张公艺九世同居》，新安徐氏刊本有四本：

剧名	时间
包待制智斩鲁斋郎	万历四十四年十一月十二日
萧淑兰情寄菩萨蛮	万历四十五年季夏初八日
张孔目智勘魔合罗	万历四十五年六月八日
铁拐李金童玉女	万历四十五年六月十一日

第四类校跋中无时间只标明录校于小谷本的分别是《苏子瞻风雪贬黄州》《陶母剪发待宾》《宋上皇御断金凤钗》《郑月莲秋夜云窗梦》《认金梳孤儿寻母》《释迦佛双林坐化》《鲁智深喜赏黄花峪》《降丹墀三圣庆长生》《祝圣寿万国来朝》《河嵩神灵芝庆寿》；息机子刊本《死生交范张鸡黍》《布袋和尚忍字记》；新安徐氏刊本《江州司马青衫泪》《钱大尹智宠谢天香》。

赵琦美题跋中关于剧目的评论题跋，体现了其戏曲批评思想。赵琦美尊崇“元人矩度”，其在《司马相如题桥记》中连书三跋，云：

于相公云不似元人矩度，县隔一层，信然。相公东阿人。拜相见。

朝后便殂，观其所作《笔麈》，泾渭了了，惜也不究厥施云。

《录鬼簿》有关汉卿《升仙桥相如题柱》，当不是此册。四十五年丁巳十二月二十八日，清常又题。

从题跋可看出，他非常认可于慎行对于《司马相如题桥记》“不似元人矩度”的判断，并且补充此本并非关汉卿所著之册。由此亦可推测，赵琦美之所以借抄于小谷本，与其对于慎行、于小谷父子对于“元人矩度”的认同是分不开的。赵琦美对“元人矩度”的欣赏，与明后期的复古风潮息息相关。明末文人南杂剧逐渐引起人们的不满，杂剧界开始重新追求元代文人创作的规范，除了《脉望馆钞校本古今杂剧》外，还有臧晋叔的《元曲选》、陈与郊的《古今名家杂剧》、孟称舜的《古今名剧合选》等一批元杂剧选本涌现。在内府本《诸葛亮博望烧屯》中，赵琦美直接表达了对“元人矩度”的赞赏，其跋：

万历四十三年乙卯二月廿九晦日校内本。大约与《诸葛亮挂印气张飞》同意，此后多管通一节。笔气老干，当是元人行家。[1]

[1]《博望烧屯》，《脉望馆钞校本古今杂剧》第20本，《古本戏曲丛刊》第四集，商务印书馆1958年版。

对于对“从今后分付与人间才俊，爱我的任来缠，我爱的不用买”的苏九姐持称赞态度的《月夜淫奔记》，赵琦美称作者为“行家”，跋曰：

于小谷本抄校，词采彬彬，当是行家。乙卯三月廿五日，清常道人记。[1]

由此可见，赵琦美对于杂剧的文学性、思想性有自己的判断，不喜明代文人点缀太平盛世的杂剧，而推崇元杂剧中的本色。“行家”的对应面，是赵琦美对于“村学究”笔法的反感，更在跋语中直斥，被其称为“村学究”的有：

《女学士明讲春秋》：“于小谷本录校。此必村学究之笔也，无足取，可去。四十年五月十四日，清常道人。”[2]《雷泽遇仙记》：“录于小谷本，此词是学究之笔。”[3]《王文秀渭塘奇遇记》：“于小谷本录此村学究之笔也，姑存之。时丁巳六月廿七日清常记。”[4]

这三本杂剧无一例外的皆属于明代文人杂剧，充满了封建说教，表现了对功名利禄的追求，甚至可以不择手段，全然没有文人风雅。如《女学士明讲春秋》中妻子在丈夫身体患疾却

[1]《苏九淫奔记》，《脉望馆钞校本古今杂剧》第67本，《古本戏曲丛刊》第四集，商务印书馆1958年版。

[2]《女学士明讲春秋》，《脉望馆钞校本古今杂剧》第63本，《古本戏曲丛刊》第四集，商务印书馆1958年版。

[3]《雷泽遇仙记》，《脉望馆钞校本古今杂剧》第66本，《古本戏曲丛刊》第四集，商务印书馆1958年版。

[4]《渭塘奇遇记》，《脉望馆钞校本古今杂剧》第67本，《古本戏曲丛刊》第四集，商务印书馆1958年版。

被强制从军的情况下，并不是关心自己的丈夫，而是称“少不得夫荣受爵妻荣贵”。《雷泽遇仙记》中许飞琼遇见一介布衣雷泽，赠香囊，言“香囊不是无情物，中有秋闱春会题”。而雷泽并不是很有风骨的婉拒，而是借其试题高中状元还成“这是祖宗庆儿孙享”。《王文秀渭塘奇遇记》中，王文秀与卢玉香一见钟情，梦中相会享鱼水之欢，然而不需要卢小姐家里的反对，两人有共同的认识，那便是王文秀必须科举得官才能入赘卢府。《王文秀渭塘奇遇记》中王文秀与卢玉香初见的描写与王实甫《西厢记》非常相似，赵琦美称其为“村学究笔”，或是看出这种抄袭，有所反感。在《秦月娥误失金环记》中，赵琦美更是直指其抄袭元人白朴的《东墙记》，跋曰：

于小谷本录校，大略与《东墙记》不甚相远，乙卯二月廿二日，清常道人记。[1]

再校录过程中遇到相似剧本，赵琦美会另抄一册，如《张公艺九世同居》跋：

此册与于小谷本大同小异，又别录一册。丁巳四月十五日，清常道人。[2]

虽然别录无存，但综合《脉望馆钞校本古今杂剧》中赵琦美的校跋，可看出其文艺思想受当时心学影响非常开明，拥护个性解放，不喜迂腐说教。同时赵琦美又是一个忠实的录校者，

[1]《秦月娥误失金环记》，《脉望馆钞校本古今杂剧》第68本，《古本戏曲丛刊》第四集，商务印书馆1958年版。

[2]《九世同居》，《脉望馆钞校本古今杂剧》第32本，《古本戏曲丛刊》第四集，商务印书馆1958年版。

虽然他厌恶“村学究”之笔，但是仍然“姑存之”，从而让后世对明代文人杂剧有更全面的了解。

（二）其他校跋研究

赵琦美校、刻藏书总是尽力保持原貌，如此往往需要四处搜罗书籍，以几个不同版本校对补正，尽最大努力不受当时各学说影响，返璞归真。而从其校跋中，最明显的便是赵琦美以史为鉴的人生观。

赵琦美在校、刻完《元故宫遗录》跋“耶律完颜二氏，经营亦落荒草，铁木真氏，幸有兹编，稍不堕地。然庚申荒迷亡国，迹之令人悲怅，清写一帧，以备修史采录云”[1]。其力求所刻版本最接近原本，保存传世，使后人可以史为鉴。为此，赵琦美从苏州和南京购得不同版本后，还前往北京金台实地查看“往迹”：

> 予于万历三十六年间，得于吴门书摊上，字画故暗不可句，因为校录一过。三十八年庚戌，于金陵得张浙门墨本，为校正数十字，置之箧中。四十四年丙辰十一月，于金台，与刘元岳纵言，至于燕京往迹，一无可稽，闻有元耶律楚材《燕山志》及国初《北平志》，但耳其名，未目其文也。忽然忆有此书，因检之奚囊，幸以自随。两人相与击节，金台芜灭，基构不存。[2]

此外，赵琦美还注重史料的相互佐证，“今见丈园谩录，惜

[1]〔明〕萧洵：《元故宫遗录》，商务印书馆1936年版，第1页。
[2]〔明〕萧洵：《元故宫遗录》，商务印书馆1936年版，第1页。

惟删去五十二章，今惟存四十八章，录作一家，以备一代之遗事云”[1]。虽身处明末，但观宋事，以史为鉴，“所载虽宋事，具皆格言，熟读令人身心非浅浅取益者，虽残编乎，抑半规明月，烛暗之所必向也。聊志此”[2]。当其无法抄校全备时，油然叹息可恨，如《止斋先生春秋后传》跋云：

> 《止斋春秋传》十二卷，金陵焦太史内阁抄本也，录之。又假唐太常节抄本校焉，凡增订其讹脱，毋虑数十百处，惜也。节文仅得其十之七，不能尽校其全，为可恨耳。[3]

不仅对本国历史如此，赵琦美的藏书还涉及周边各国，在其《脉望馆书目》中有“外夷”目，其校勘《百夷传》和《东国史略》亦有题跋可查。在《东国史略》跋文中，赵琦美言：“其书虽简略，而上下数千年间事历历可指诸掌，至如幽奇理乱之迹亦少概见，可谓东国之良史也。”[4]此书是赵琦美借冯仲缨藏本抄录，而冯仲缨因出征朝鲜才有机会得到此书，赵琦美对冯仲缨的遭遇是悲叹的，在文中直言“冯尝从事于东征，有全城之功而不见赏，今郁郁长安，索五斗米不能如侏儒之饱腹也，悲夫！”赵琦美日后能够出山海关实地考察，与其坚持的历史观密不可分。

赵琦美的历史观不仅体现在其抄、校藏书中，对于其书画收藏和评点，亦是如此。在《铁网珊瑚》序跋中，赵琦美言：

> 予所见真迹虽少，然亦寸累以续于后，庶几古人遗翰或

[1]〔元〕张昱：《张光弼诗集》七卷，明天启元年（1621）抄本。
[2]〔宋〕张镃：《皇朝仕学规范》四十卷，明抄本，跋。
[3]〔宋〕陈傅良：《止斋先生春秋后传》十二卷，清刻本。
[4]〔朝鲜〕佚名：《东国史略》六卷，明万历三十八年（1610）抄本，跋。

存万一云。[1]

因为赵琦美以史为鉴的历史观，所以，他在抄、校藏书及评点书画时，多家选本校勘，力求完备，查索真迹，以留后人。

第四节　刻书研究

赵琦美胸怀抱负，明人藏书多爱儒家经典，对水利、农业、医学等实用书籍不屑一顾，赵琦美则不然，他有着经世致用的治国思想。东林党的一项政治主张亦是经世致用，观赵氏父子与东林党众人的交游，可见为志同道合的。赵琦美不仅藏书，还刊刻，而其刊刻的书籍多为于国于民有利的实用书籍。

在赵琦美刊刻的藏书中，他最看重的莫过于《营造法式》，其担任南京都察院照磨整修官署，用钱少而工倍，便是运用《营造法式》中的建筑知识做到的。《营造法式》的校、刻前后用时二十年，钱曾曾言：

> 赵玄度初得李诫《营造法式》，中缺十余卷，遍访藏书家，罕有蓄者。后于留院得残本三册，又借得阁本参考，而阁本亦缺六七数卷。先后搜访，竭二十余年之力，始为完书。图样界画，最为难事，用五十千，命长安良工，始能措手。今取豪夺，沟浍易盈，焉知一书之难得如此。[2]

[1]〔明〕朱存理撰，赵琦美编：《赵氏铁网珊瑚》，上海古籍出版社1991年版，第830页。

[2]〔清〕钱曾：《也是园藏书目》十卷，清抄本，后序。

赵琦美买到李诫《营造法式》残本，缺少十几卷书。为了补全这部书，他四处寻访藏书家，无奈《营造法式》在当时少有人拥有。赵琦美在南京都察院任职时，得到残本三册，后又在其北京任职时，得机会借抄内阁本，遗憾的是阁本也缺六七卷。赵琦美为了补齐全本，坚持寻书，其中为绘制插图，赵琦美以五十千钱的重金聘请京城画师作画。此书完成，前后历经二十年。

《洛阳伽蓝记》是北魏杨衒之所撰集历史、地理、宗教、文学于一身的著作，赵琦美得到此书后，不惜时间的代价校、刻，其陆续购得四家抄本，前后用时八年，跋曰：

> 岁己亥，览吴琯刻《古今逸史》中《洛阳伽蓝记》，读未数字，辄龃龉不可句，因购得陈锡玄、秦酉岩、顾宁宇、孙兰公四家抄本，改其讹者四百八十八字，增其脱者，三百二十字。丙午，又得旧刻本，校于燕山龙骧邸中，复改正五十余字。凡历八载，始为完书。[1]

赵琦美最初看吴琯刻本《洛阳伽蓝记》，认为其漏误很多，刊刻极差。便先后买了四种抄本校勘，改正了吴琯刻本中四百八十八处错字和三百二十个衍入或脱漏的字。后来又买到旧刻本《洛阳伽蓝记》，当时在南京就职的赵琦美在北京重新校勘，又改正了五十多处错误，前后历经八年。

赵琦美翻刻宋版《伤寒论》，流传至今，其字体、字距、行格、栏线与原刻最为相似，故此历代以“宋本伤寒论”代

---

［1］〔清〕钱曾:《读书敏求记》，书目文献出版社1984年版，第57页。

称。而赵琦美之所以刊刻《伤寒论》，除了保存文献之外，还因其有一颗济世救民之心，这在其序言中可见一斑：

岁乙未，吾邑疫疠大作，予家臧获率六七就枕席，吾吴和缓明卿沈君南昉在海虞，藉其力而起死亡殆遍，予家得大造于沈君矣。不知沈君操何术而若斯之神？因询之，君曰："予岂探龙藏秘典，剖青囊奥旨而神斯也哉？特于仲景之《伤寒论》窥一斑两斑耳！"予曰："吾闻是书于家大夫之日久矣，而书肆间决不可得。"君曰："予诚有之。子读而知其为成无己所解之书也，然而鱼亥不可正，句读不可离矣。"已而构得数本，字为之正，句为之离，补其脱略，订其舛错。沈君曰："是可谓完书，仲景之忠臣也。"予谢不敏。先大夫命之："尔其板行，斯以惠阙同胞。"不肖孤曰："唯唯。"沈君曰："《金匮要略》，仲景治杂症之秘也，盍并刻之，以见古人攻击补泻缓急调停之心法。"先大夫曰："小子识之！"不肖孤曰："敬哉！既合刻，则名何从？"先大夫曰："可哉，命之名《仲景全书》。"既刻已，复得宋板《伤寒论》焉。予囊固知成注非全文，及得是书，不啻拱璧，转卷间而后知成文之荒也，曰复并刻之，所以成先大夫之志欤。又故纸中检得《伤寒类证》三卷，所以概括仲景之书，去其烦而归之简，聚其散而汇之一。[1]

万历乙未年即万历二十三年，赵琦美家乡疫病蔓延，其家中仆役十之六七得病，幸遇见名医沈南昉，控制住疫情。赵琦

[1]《仲景全书四种》二十六卷，明万历二十七年（1599）刻本，序。

美向沈南昉求教，沈南昉称其医书得益于张仲景的《伤寒论》。赵琦美深知此书多为士大夫家藏，坊间难得一见。沈南昉手中有成无已《注解伤寒论》，得知此信，赵用贤想让赵琦美刊刻此书，以惠同乡众人。对此沈南昉建议，可将其手中张仲景的《金匮要略》合订。《伤寒论》《金匮要略方论》均为张仲景所著的医学专著，前者内容是关于急性热病及相关诊治经验，后者内容关于内科杂病的诊治病方，后又寻到宋版《伤寒论》和《伤寒类证》，最后由赵用贤定名为《仲景全书》。流传至今的赵琦美刻《仲景全书》收书四部：翻刻北宋小字本《伤寒论》、成无已《注解伤寒论》、宋云公《伤寒类证》、张仲景《金匮要略》。旁人评论赵琦美的行为是："陆宣公达而以奏疏医天下，穷而聚方书以医万民，吾子固悠然有世思哉。"赵琦美则在序跋中直言其志："先大夫固尝以奏疏医父子之伦，医朋党之渐，医东南之民瘼；以直言敢谏，医谄谀者之膏肓，故踬之日多，达之日少。而是书之刻也，其先大夫宣公之志欤？今先大夫殁，垂四年而书成，先大夫处江湖退忧之心，盖与居庙堂进忧之心同一无穷矣。"父子之伦乃五伦之一，赵用贤历张居正"夺情"一事，宁受刑亦要坚守人伦之责。朋党之渐则是万历朝党派之争。万历中期开始，由于万历皇帝的怠政，官员腐败丛生，"税监""矿监"，加倍搜罗民脂民膏，导致"江南民变"。赵用贤无论"居庙堂之高"或"处江湖之远"，为国担忧之心不止。赵琦美秉承其父的志向，这便是《仲景全书》刊刻的意义所在。《仲景全书》除了对中国影响深远之外，在日本亦不断被翻刻。如1856年，丹波元坚为弟子堀川济撰写的

《影刻宋本伤寒论序》中称："而此间唯存宽文中传刻本，其本出于明赵清常《仲景全书》中……于枫山秘府始览清常原刊本，狂喜之至。"此处虽把枫山秘府的翻刻本当作赵琦美原刊本，不过也指出从宽文年间，赵琦美刊刻《伤寒论》的翻刻本一直在日本流传。笔者所藏1827年山本长兵卫覆刻本亦佐证这一点。堀川济所刊刻的版本称为安政本，以枫山秘府所藏版本为底本，改正其中讹字，后来此版传回中国。1923年11月，恽铁樵影印安政本，删除丹波元坚序文和日文符号，冠以影印赵本之名，由上海商务印书馆承印，定价6大洋发售（同年出版的鲁迅的《呐喊》定价7角）。1931年1月上海中医书局恢复安政本原貌影印，写明"明赵清常原本，翻刻宋版《伤寒论》，观理药室藏梓"。

《酉阳杂俎》被视为怪力乱神之书，但赵琦美认为其"使暗者、昧者通达世情，不至行事凉德"，校、刻《酉阳杂俎》时不惜金钱与时间，他不仅自己搜罗购买书籍，在得知亲友有罕见版本时，亦借出抄录，其跋曰：

> 美每从吴门过，必于书摊子上觅书一遍。岁戊子偶一摊见《杂俎续集》十卷，宛然具存，乃以铢金易归。奋然思校，恨无善本。美堂兄可庵案头有校本《杂俎前集》。因询其据何本校定，兄曰："吾妇翁缪含斋可贞氏，平生好奇读书，尝见昆山俞质夫先生有宋刻《杂俎》，因雠是书，吾转录此册耳。"美喜甚，便携之归。开窗拂几，较三、四过，其间错误，如数则合为一则者，辄分之；脱者，辄补之；鱼亥者，就正之。不可胜屈指矣。又为搜《广记》类书及杂说

所引，随类续补。岁乙巳，嘉禾项群玉氏复以数条见示，又所未备也，复为续之。乃知是书必经人删取，不然，何放逸之多乎？美每欲刻之，而患力不胜……噫！世有颇行凉德者，侍御既以章疏为鼎、为经以别之矣，乃兹刻又大著怪事而广之。岂谓有若《尸穸》、《诺皋》所记，存之于心，未见之于行事者，又章奏所不及攻而人所不及避也。藉此以诛其心，僇其意，使暗者、昧者皆趋朗日，不至烦白简矣。是亦息人心奇瑰之一端云。迪功郎南京都察院照磨所照磨海虞赵琦美撰。[1]

甚至赵琦美为自己藏书楼命名“脉望馆”，亦是取自《酉阳杂俎》，正是其如此校勘的态度，才能使《酉阳杂俎》流传于世。

苏轼的经世致用思想影响着赵琦美，其洒脱的生活习性亦是赵氏所欣赏的。赵琦美刊刻《东坡先生杂著六种》，收录《东坡志林》《仇池笔记》《艾子杂说》《东坡问答录》《杂纂》《渔樵问答》六种，未收录诗文，除《东坡志林》为赵用贤撰序外，其余序跋均由赵琦美书写。《东坡志林》为苏轼记载自元丰至元符年间杂说史论，各篇虽然篇幅短小，但是内容涉猎广泛，如卷四的《汴河斗门》《筒井用水鞴法》关注科技民生。《仇池笔记》是《东坡志林》姊妹篇，其内容风格俱与《东坡志林》略同，内容涉及宋代人物轶事、个人生活记录，信笔所至，却可补正史之缺。苏东坡此二书，于晚明小品文影响深远。而由

[1]〔唐〕段成式：《酉阳杂俎》，中华书局1981年版，第294页。

于二书都是苏轼在“乌台诗案”后，遭贬谪期间完成的，故此赵琦美直言：“窃谓长公才具七斗，游戏翰墨皆成文章，故片纸只字，无非断圭折璧。才既高而节复峻，此足以起忮矣，况复呶呶不胜。其睥睨一世，则侧目而揶揄之者，固将甘心焉？而相公厮坏，殆以柄国者为鳖矣。士固可杀不可辱也，议新法未必伤柄人之心，然此等语不足以彻髓耶！夫荆公固士也，学虽僻而奈何辱之哉？乌台之狱，岂尽人尤也乎！”[1]赵琦美赞赏苏轼才华，认为其信手翰墨皆成文章。更引用《仇池笔记》中的典故，“独广利旁一冠簪者，谓之鳖相公，进言：‘苏轼不避忌讳，祝融字犯王讳。’王大怒。余退而叹曰：‘到处被相公厮坏。’”[2]讽刺执掌国政、大权独揽者为鳖，更高呼“士可杀不可辱”。《艾子杂说》有寓言有幽默，为“借古讽今”之作，赵琦美评价此书“东坡谑浪笑傲之文，不俚而古真，足令人发噱，然而亦近于虐矣”[3]。《渔樵闲话》中多引唐小说，赵琦美称：“老坡渔樵闲话，句句名喻。”[4]《杂纂》为苏轼续李商隐的《义山杂纂》而作，同辑录歇后俗语，以“悔不得、怕不得、省不得”结尾，赵琦美评其为：“言近而指远者，善言也。杂纂

[1]〔宋〕苏轼：《东坡杂著六种》十二卷，明万历三十年（1602）刻本，《仇池笔记》跋。

[2]〔宋〕苏轼：《东坡杂著六种》十二卷，明万历三十年（1602）刻本，卷二《广利王召》。

[3]〔宋〕苏轼：《东坡杂著六种》十二卷，明万历三十年（1602）刻本，《艾子杂说》跋。

[4]〔宋〕苏轼：《东坡杂著六种》十二卷，明万历三十年（1602）刻本，《渔樵闲话》跋。

所记，委巷从谭耳。其间，理到处虽圣人复起而不能易是。”

从赵琦美刻书中可看出其对书籍选取广采博收的态度形成了其藏书的丰富与版本的精罕，不桎梏于传统经史，不喜理学，而是学以致用，因为赵琦美的社会责任感，其藏书校刻在明末首开常熟一带实用之风。

第五节　藏书去向及影响

赵琦美晚年将大部分藏书送给钱谦益和冯舒作治学之用，故此其藏书部分归入绛云楼，一部分归入空居阁，还有一部分推测可能经由许宏纲到董其昌手中。

崇祯年间常熟张汉儒攻讦钱谦益云：

> 见刑部郎中赵玄度两世科甲，好积古书古画，价值二万金，私藏武康山内。承其身故，欺其诸男在县离隔五百余里，罄抢四十八厨古书归家，以致各男含冤焚香咒诅。[1]

张汉儒之说应不属实，因为张汉儒上疏攻击的除了钱谦益还有其学生瞿式耜，而瞿式耜正是赵琦美女婿瞿式耒的弟弟。此事后由冯舒为钱、瞿二人奔走，因与二人交好，冯舒亦被牵连入狱。

赵琦美藏书入绛云楼后，绛云楼遇火灾，钱谦益暮年便将

[1]〔清〕钱曾撰，傅增湘批注：《藏园批注读书敏求记校正》，中华书局2012年版，第20页。

余下脉望馆旧藏一部分给予族孙钱曾。钱曾曾言：

> 清常殁，武康山中白昼鬼哭，嗜书之精爽若是。伊予腹笥单疏，囊无任敌之子异本，又何敢厕于墨庄艺圃之林。然绛云一烬之后，凡清常手校秘抄书，都未为六丁取去，牧翁悉做蔡邕之赠。天殆留此以佽助予之《诗注》耶！何其幸哉，又何其幸哉！[1]

几经流传，赵琦美藏书存世并不多，其藏书在医学、数学、建筑学、戏曲学等领域都有非常重要的影响。

赵琦美最大的贡献是在其文献学上，其三校《水经注》的校勘信息为明代郦学研究的重要依据，《乐章集》为研究柳永词的重要版本之一，上海图书馆藏《资治通鉴纲目集览镌误》为研究瞿佑治学的孤本。赵琦美家抄本《东皋子集》是此书少有的明抄本，其中还抄录了苏轼作《书东皋子传》云“周氏《涉笔》曰：旧传四声，自齐、梁至沈、宋，始定为唐律。然沈、宋体制时带徐、庾，未若王绩剪裁锻炼，曲尽清元，真开迹唐诗也。”可见苏轼认为四声由沈、宋定唐律，而王绩的诗作才是真正开启了唐诗时代，此书为文学史的研究提供了新视角。

在医学方面，赵琦美万历二十七年刊刻《仲景全书》，由于宋代刻本《伤寒论》早已失传，又由于赵琦美刊刻版本精细，最大程度保持宋本原貌，故此以宋本《伤寒论》称赵本《伤寒论》，此版本是中医学研究的基础书目。关于《仲景全书》的

---

[1]〔清〕钱曾：《读书敏求记》，书目文献出版社1983年版，第57页。

学术讨论，是中国、日本众多中医学者的研究热点。例如《仲景全书》一共有多少部，分布位置。茨城大学的真柳诚在2006年第107回日本医史学会学术大会发表的会议论文《趙開美の『仲景全書』と『宋板傷寒論』》中提出："『仲景全書』は幕末の『経籍訪古志』が紅葉山文庫蔵本を趙開美本として著録して以来、中国でも注目され、いま国立公文書館内閣文庫に伝えられている。一方、現在は台北故宮博物院、北京国家図書館、北京中国中医研究院、北京中国科学院、瀋陽中国医科大学、広州中山医学院にも趙開美本ないし万暦刊本が各一組あると著録される。"北京中医药大学钱超尘在《宋本〈伤寒论〉版本简考》中则称："宋本《伤寒论》今藏何处？据笔者详考，宋本《伤寒论》中国藏有五部，日本藏有一部，今世所存凡六部。宋本《伤寒论》收藏情况如下：台北故宫博物院文献大楼三楼善本书室一部、中国中医科学院善本书室一部、上海图书馆善本书室一部、上海中医药大学善本书室一部、沈阳中国医科大学善本书室一部、日本国立公文书馆内阁文库一部。"[1]比真柳诚的结论多了上海图书馆和上海中医药大学，少了广州中山医学院和北京中国中医科学院。

钱超尘在2004年《〈伤寒论〉日本内阁本与中国北图本互勘研究》、2007年《宋本〈伤寒论〉今藏何处》、2010年1月《宋本〈伤寒论〉版本简考》中称："'世让堂'是刻工赵应期家堂号，不是赵开美家堂号。赵开美堂号为'脉望馆'。"同时

[1] 钱超尘：《宋本〈伤寒论〉版本简考》，《河南中医》2010年第1期。

又在2008年《中国医科大学图书馆馆藏〈仲景全书〉版本考证》和2011年1月《〈伤寒论〉台北故宫本及日本内阁本、安政本比较研究》中提出"'世让堂'是赵开美家堂号。"年代交叉发表的论文却有截然不同的两个结论，立论变化，不知该采用哪一种。笔者查上海图书馆、沈阳中国医科大学、台北故宫三处藏本，对"世让堂"略议如下。赵应期，或署赵其、赵应麒。明嘉靖间苏州地区刻字工人。嘉靖四十三年参与刻过《宋史新编》(半叶十行，行二十一字)。万历间参与刻过《东坡先生志林》(脉望馆本)、《两汉隽言》(桂芝馆《文林绮绣》本)、《新唐书纠谬》(脉望馆本)、《古今万姓统谱》(桂芝馆本)、《史记评林》、《汉书评林》(皆凌稚隆本)、《史通》(张之象本)、《资治通鉴》(重修孔天胤本)、《订正通鉴纲目前编》(朱燮元本)、《国朝名世类苑》(桂芝馆本)、《两浙海防类考续编》、《皇明疏钞》[1]。笔者查《新唐书纠谬》第二十卷卷末有海虞赵开美校刊，长洲顾植书、赵应期刻。只有傅增湘"双鉴楼藏书记"印，未有"世让堂"木印牌记。同时查阅现存赵琦美校刊非赵应期所刻书籍，亦未曾发现"世让堂"之号。故此笔者认为，"世让堂"既不是赵琦美的堂号，亦无法证明是赵应期的书坊号，而从此堂号只出现在《仲景全书》中，推测可能为中医堂号。

秦九韶所著《数书九章》是中国历史上最重要的筹算数学著作之一，赵琦美抄本是现存最早、最全之本，现藏国家图书

[1] 瞿勉良:《中国古籍版刻辞典》，齐鲁书社1999年版，第421页。

馆善本部。中国科学院数学史博士郑诚、朱一文曾撰文《〈数书九章〉流传新考——赵琦美抄本初探》称“赵琦美抄本”是“迄今所见最接近秦书原貌的足本，保存了其他传本所无的宝贵信息，不仅为研究秦书，亦为进一步理解中国古代筹算提供了重要线索。”[1]

在《脉望馆书目》中，赵琦美单列“外夷”目，其中有通过冯仲缨借录的抄本，冯仲缨是万历壬辰战争的亲历者，其从朝鲜得到的书籍通过赵琦美等人在士林中得以传播并流传至今。对于研究壬辰战争中的文化交流提供了新视角。

1919年，朱启钤在南京藏书家陶湘手中发现据赵琦美本刊刻《营造法式》，后根据此书发起“营造学社”，东北大学建筑系主任梁思成，中央大学建筑系教授刘敦祯，著名建筑师杨廷宝、赵深，史学家陈垣，地质学家李四光，考古学家李济等都是学社成员。1930年，梁思成加入“中国营造学社”，并在那里撰写了《中国建筑史》。近代中国古建筑研究正是从此版本《营造法式》的发现开始的。

《赵琦美抄校古今杂剧》以其众多的孤本剧目，为今人研究元明杂剧保存了丰富的文献资料。因明代文人多愿按己意删改前任文本，而赵琦美抄校过程尽可能保持原本原貌，据此研究元明杂剧搬演状况及宫廷演剧，是相对真实可信的。

[1] 郑诚、朱一文：《〈数书九章〉流传新考——赵琦美抄本初探》，《自然科学史研究》2010年第3期。

第四章　赵琦美著作研究

第一节　著作考

笔者新近发现历代记载中已佚的《辽事疏》《容台小草》《雅乐考·后集》，历史无载的《栢台草》。

《容台小草》万历刻本，收录于明代原刻各家文集辑录本《今文类体》中。

《今文类体》原为余姚五桂楼藏书，在清朝中期由五桂楼主人黄澄量所辑。五桂楼地处偏僻，战火波及少，故藏书保存相对完好。1955年张鉴先生代表浙江图书馆购得《今文类体》，一直放置于书库。1978年时任上海图书馆馆长的顾廷龙与沈津到杭州，见到此书称赞不已。谢国桢70年代末访江浙图书时，由浙江图书馆刘慎旃交由其阅览，封皮书“今文类体”四个字[1]。《今文类体》仿黄梨洲《明文海》体例，选明初至万历年间文集，将明刻本按类拆散编排。《五桂楼书目》于《今文类体》边注“自编未梓稿本”[2]。《今文类体》共有一百四十本，包括原书目录六册，墓志铭类十七册，行状类五册，祭文类六册，传类五册，赞类一册，解附杂解类一册，册类三册，记类八册，议附公移类三册，书类十四册，诗类三十五册，题跋类一册，墓表类三册，碑类四册，考附杂考类一册，说类一册。《今文类体》原书目录中并未包含《容台小草》，但翻检全书，其收录于诗类之中。

《容台小草》之后收录《栢台草》一书，浙江图书馆研究员童正伦判断由赵琦美所著，并从文献学角度将《栢台草》定性为孤本、世遗。[3]

《雅乐考》二十卷，后集一卷，均为抄本。其中，卷端题“雅乐考卷之一，福建兴化府仙游县儒学教论韦焕编集，不肖男继和补注”；后集上题“海虞赵琦美续”，共六册，每叶八行，每行二十二字，版心中间记书名卷第，下方记叶次，皆为清乾隆三十八年两淮盐政李质颖进呈旧钞本，皆钤“翰林院印”汉满朱文大方印。《雅乐考》又收录于《四库全书》，书前提要云：“明韦焕撰。焕，常熟人。嘉靖中官福建仙游县教谕。是

[1] 谢国桢：《江浙访书记》，三联书店2008年版，第119页。
[2]〔清〕黄澄量：《五桂楼书目》，清光绪二十一年（1895）刻本，“今文类体”条目。
[3] 童正伦：《沧海有遗珠——〈明文类体〉考释》，《图书馆研究与工作》2013年第4期。

书杂引前代论乐之事，钞撮成编。前三卷题曰《经书》，皆引《六经》言乐之文，《论语》《孟子》亦皆详载。而《左传》唯引‘初献六羽’‘季札来聘’二条。《仪礼》则不录一字。四卷题曰《诸子》，自太公《六韬》以至《庄子》《列子》皆取一二条。五卷为《五声》，六卷、七卷为《六律》，八卷、九卷为《律制》，十卷至十二卷为《八音》，十三卷至十六卷为《乐制》，皆剽剟习见之言。十七卷至末皆明之乐章，并教坊曲令亦载焉。全书无所发明，唯‘六羽’条下称祀孔子当增武舞耳。”可知此书内容是引前代论乐之文，无个人见解，应属编纂类文章。然而，奇怪的是，《四库全书提要》对赵琦美续本只字未提。山东大学杜泽逊曾提出“惟《四库提要》于书继和补注、赵琦美《后集》一卷只字未及，殊觉粗疏”[1]。认为是《四库提要》疏漏了此处。笔者观《雅乐考续》，赵琦美并未提出自己的观点，格式与《雅乐考》相承，疑此书不应为赵琦美续著而是续编。

由此可知赵琦美著作应包括《辽事疏》《洪武圣政记》《伪吴杂记》《容台小草》《栢台草》《脉望馆书目》《脉望馆和禅记》，编纂《雅乐考续》。目前尚存的有《辽事疏》《容台小草》《栢台草》《脉望馆书目》及《雅乐考续》。

[1] 杜泽逊:《〈四库提要〉举正》,《中国典籍与文化》2003年第2期。

第二节 《辽事疏》研究

《辽事疏》为赵琦美所著奏疏，散佚多年，笔者日前于国家图书馆查考文献时，发现其收录于万历刻本《海虞文苑》。钱谦益在《刑部郎中赵君墓表》中记录了赵琦美作《辽事疏》的过程："神宗之末年，建州夷躏我辽左。赵君官太仆寺丞，有解马之役。匹马出山海关……归而上书于朝，条上方略……至其大志之所存，如戊午所上方略。"[1]

戊午年即万历四十六年，努尔哈赤以"七大恨"为由起兵反明，烧毁抚顺城，其时赵琦美担任太仆寺丞，上奏疏，内容针对辽东情况，通过出山海关实地查访，做出五条规划建议，以巩固边防。五条建议分别针对内治、理财、外攘、战守、士马，下列具体事例，条理清晰，引经据典。光绪二十二年，常熟赵氏承启堂重刻《赵文毅公奏疏》，将《辽事疏》作附录一卷，附页其后，由赵氏八世族孙赵希文作跋，因一直作为附录，故未被人发现，而以为均为赵琦美之父赵用贤的奏疏。对比两篇奏疏，有部分字有所差异，最大的差别在明万历刻本称女真为"奴"，如"奴夷"，清光绪刻本称女真为"虏"。

观《辽事疏》可看出赵琦美重视内治，在开篇其表明观

[1]〔清〕钱谦益:《牧斋初学集》一百十卷，明崇祯十二年(1639)刻本，卷第六十六《刑部郎中赵君墓表》。

点："必修内治而后可以外攘。故先之以内治，师徒未举，糇粮随之；故次之以理财，军食既足而后可以举众；故次之以外攘，进可以战，退可以守；故次之以战守，士卒调习，车马坚壮；故次之以士马，谨列于后，以备探採。"虽然当时女真部在关外崛起，但是赵琦美认为应先修内治，后可以攘御外敌。内治中，主要讲了对军队粮草和百姓两部分。军队未动，粮草先行。历朝历代，侵粮案屡禁不止，赵琦美提出的解决办法是"今借名侵粮者多，行伍日虚，钱谷日耗，顾莫若选其精锐者万人，使守近京之边。三月一更，即以新调征辽之兵，暂补调去之众。教阅三月，汰其老弱，稍给廪而还之。留其强勇，调之征奴。三月竟，而京营之军万人，又出前戍放还。如此几年更番守戍，则营军又出戍之事而射影冒粮者，自可绝迹矣。"选精锐万人驻守近京，三月换防，用新选调的征辽远的士兵补充，训练三个月，淘汰老弱，留下强勇之人，调往前线，三个月结束，京营换防。几年之间均如此换防，可绝冒粮之人。而对于百姓出入，赵琦美则认为"与其严启闭，不若慎盘诘，入者查，出者稽，则奸人不得而混出入也。"从奏疏中可看出，当时城门早闭晚启，很不方便，赵琦美建议谨慎盘查出入者，则可城门不禁夜。

赵琦美将内治与理财，置于外攘之前。理财的内容主要是如何获取充足的钱粮。从这里可以看出赵琦美有远见，崇祯十七年，前有李自成攻陷北京，崇祯皇帝朱由检自缢于煤山，后有辽东总兵吴三桂引清军入关，直接原因就是国库空虚，军粮严重不足，将士军心涣散。赵琦美直言："又曰军无财，士不来；军无赏，士不往。”而赵琦美的生财之道也非常切实际，如“僧道度碟，可讲今京师游僧道，盖以数万计，查其度牒无者，即勒其如例而纳。否则壮者籍之为兵，弱者递之归俗，亦可消隐忧而勿耗粒食矣。”查游僧，如果没有度牒，按例缴纳银钱，否则壮者充兵，弱者还俗，化解数万计京城安全隐患。

另外，赵琦美的奏疏并非纸上谈兵，而是有实际数据支撑的，如“遵化铁冶，祖宗因唐辽金元置厂，每岁出生铁四十八万六千斤，熟铁二十万八千斤，钢铁一万二千斤，该用官银几七千两。命工部郎中一员专董之，武备所资，钢铁取之裕如，有志书可稽，不知废自何年。若复此厂，或以备武事之用，或以铁铸钱以二当一，大约十四文，抵铜钱七文。其事省，其费少，且地近，取效甚速。”此处内容涉及钢铁冶炼和铸造钱币，奏疏中赵琦美将冶炼斤数准确上报，请求恢复冶炼生产。

关于外攘的建议中，赵琦美大量引经据典，如“武之言曰，‘必先知其守将左右、谒者、门者、舍人，索知敌人之来间我者’，故汉王谓冯敬，‘虽贤不能当灌婴。’柏直口尚乳臭，故能灭魏，是皆因间以知也。”此段引用《〈孙子〉十家注》，最早出于《汉书》，用以解释“必先知其守将左右、谒者、门者、舍人，索知敌人之来间我者”，原文为“汉王遣韩信、曹参、灌婴击魏豹，问曰：‘魏大将谁也？’对曰：‘柏直。’汉王曰：‘是口尚乳臭，不能当韩信。骑将谁也？’曰：‘冯敬。’曰：‘是秦将马无择子也；虽贤，不能当灌婴。

步卒将谁也？’曰：‘项它。’曰：‘是不能当曹参。吾无患矣。’”[1]赵琦美此言提出与女真部打仗，应知己知彼，进而提出自己对对方武器的了解。并在第四条战守中提出对排兵布阵的看法。由于赵琦美并未实际上过战场，故战守条是否准确，还待验证。

奏疏的最后一部分是关于士马，此为赵琦美本行，赵琦美藏书本就偏向经世致用，他曾以《营造法式》的内容整修官署，其知识如今运用到选择战马上，心思更为缜密。“今日试选三营马之壮强者，三千发之马户寄养三月，随选寄养马三千以补营马循环而转，马皆受羁络而任劳即虏骑弗能支矣。况乎马户一领寄养之马，必数年而兑去，是一马有数年之累，民不得休息。今寄养营马不过三月，是以三月之勤苦而易数年之安暇，营军亦无倒失之患，岂不利马利民利军利国家征伐乎？”选三营强壮的马匹，发给马户寄养三个月，将寄养马与营马循环，此举与内治中三月受训循环而相辅相成。赵琦美此建议必经过深思熟虑，考虑军营、百姓、战马多方情况而定。

赵琦美的此篇奏疏，由于经过其亲自调查，故此对于山海关附近的情况记载详细而真实，对于研究明末关外状况提供一定依据。从此篇提出的五项建议中也可看出，赵琦美并非读书而活用，关注民生与边防，对于财政有自己的独到的看法。赵琦美此举与其藏书理念是相符的。

[1]《〈孙子〉十家注》十三卷，清光绪十年刻本，卷十三。

第三节　词作研究

众所周知，赵琦美是明代著名藏书家，但是对其词作未曾提及。笔者日前从浙江图书馆抄出明本《容台小草》和《栢台草》二书，共一百阕词，证实为赵琦美所著，且这一百阕词全部未被《全明词》收录。

（一）写作时间与版式

《容台小草》载："既续支《江南春》矣，奉常闲寂，风霜苦寒。大祀祭毕，拥炉枯坐，更续二十首。终日饱食无所用心犹贤博奕也。"[1]此为赵琦美自序。可知《容台小草》的写作时间是赵琦美担任太常寺典簿期间。《栢台草》载："容台多暇，六日而成三续。秋间改栢台阅，半岁，始得四续。虽宪幕稍冗要，亦才尽江淹耳。既和四续，鼓其余勇，复成五续，合十八日而成。乃知世间好景说不尽也，于是阁笔。"[2]可知《容台小草》共有三续，赵琦美万历四十二年秋自太常寺典簿转任都察院都事，调任后，因为公务繁忙，半年之后才有时间和《四续江南春》即《栢台草》，创作共用十八日，此时应是万历四十三年初。故此，《容台小草》创作始于万历四十一年，最终成书时间为万历四十二年秋之前，《栢台草》创作时间在万历四十三年初。

[1]〔明〕赵琦美:《容台小草》一卷，明万历刻本,《三续江南春小续》。
[2]〔明〕赵琦美:《栢台草》一卷，明万历刻本,《四续江南春》。

浙江图书馆藏《容台小草》与《栢台草》版式统一，均为刻本，其字体横轻竖重，半叶十行，二十字左右，有格，四周单边，二书均无书衣。《容台小草》为白口，单鱼尾，上书口刻书名。《容台小草》首页，右第一行题书名，第二行题作者海虞赵琦美如白父著。《栢台草》为黑口，单鱼尾，上书口刻书名，正文前有《刻江南春庚序》，第二十八阕词后破损严重，难以辨认内容。《栢台草》首页并未刻书名，而是刻《刻江南春续赓序》，接“赓序”右第一行题书名，右第二行题作者为海虞赵琦美如白父著。

（二）《容台小草》与《柏台草》内容

《容台小草》首页载：

【江南春】元倪元镇（原韵）

汀洲夜雨生芦笋，日出曈胧帘幕静。惊禽蹴破杏花烟，陌上东风吹鬓影。远江摇曙剑光冷，辘轳水咽青苔井。落花飞燕触衣巾，沉香火微萦绿尘。

春风颠，春雨急，清泪泓泓江水湿。落花辞枝悔何及，丝桐哀鸣乱朱碧。嗟我胡为去乡邑，相如家徒四壁立。柳花入水化绿萍，风波浩荡心怔营。

倪瓒在其《江南春》中，直白点明题意，“汀洲夜雨生芦笋”“惊禽蹴破杏花烟”句句描摹家常之景，却又可明确看出江南的地域特征。“嗟我胡为去乡邑，相如家徒四壁立”一句更是直抒背井离乡的伤感及对家乡的思念。作品意境清远，正符合江南文人审美。《脉望馆书目》中收录《倪云林集》及倪云林人物山水一轴。《容台小草》中赵琦美自序：

自倪迂创咏江南春，和者凡数十家。予亦效颦，和二十叶，聊自解颐。非敢步诸贤之后尘也。

由此可见，《容台小草》所包括的《江南春》《支续江南春》《三续江南春》六十阕词，《栢台草》包括《四续江南春》《五续江南春》四十阕词，均为赵琦美对倪瓒《江南春》的追和。

《容台小草》与《栢台草》前后共一百阕词，内容大致可分为描绘山水风光、花鸟情趣、田园生活三大类，赵琦美对江南景致进行了细致入微的描绘，时有引经据典，抒发了其在北京任职时对家乡的思念。

《容台小草》六十阕词中涉及花鸟的有十八阕，涉及的花有海棠如第二阕“海棠红褪梨花湿”，有芍药如“芍药荼靡将夏及”，桃花如第六十阕“桃花露滴银屏戴”，杏花如第三十二阕“杏花忙、桃花急”，梅花如第五十四阕“梅花憔悴杏花忙”等。涉及的鸟类有鹦鹉如第五十六阕“鹦鹉一声槛外立”，有杜鹃如第四十九阕“博劳飞去杜鹃及”，有乳莺如第六十阕“乳莺啼怯春光冷”，最多的是燕子如第二阕“乳燕脚泥动帘影”，第七阕“燕子营巢掠水忙”，第十七阕“燕忙忙，莺急急，攀花露重织手湿”，第二十三阕“长袖翩翩掠燕忙”，第二十七阕“呢喃燕怯春光冷”，第四十六阕“营巢燕子双飞井”，第五十阕“紫燕双双立新愁”。《栢台草》四十阕词中描绘花鸟的有十八阕，其中花有海棠如第十七阕“海棠花艳明娇影”，有杏花如第三十五阕“杏花零落桃花影”，最多的是梨花如第二阕“梨花淡晕飘香井”，第九阕“相思夜雨梨花冷”，第十阕“梨花舞雪歌衫冷，杨柳绵飞粘燕井”，第三十七阕“凝露梨花零玉影”；鸟有喜鹊如第一阕“鹊声干，鸦叫急，树头风落露稍湿”，第十三阕如“月惊庭树鹃啼邑”，有鸦如第二阕“归鸦点点散寒萍”，有燕子如第八阕“燕促流光梅雨及”，第三十五阕“蛰燕初飞临藻井”，有莺如第三十五阕“庐窗寂历早莺啼”，鸳鸯最多如第十二阕“沙明水碧鸳鸯冷”，第十七阕“鸳鸯颈上巧添红”，第二十五阕“浴水鸳鸯沫激尘”。吴梅先生在《词学通论》中称明词“花鸟托其精神”[1]，这在赵琦美的一百首词中体现得淋漓尽致。

《容台小草》六十阕词中描绘山水风光的共有十三阕词，其中有部分涉及具体地域，分别有江苏省的南京、常熟、苏州，浙江省的杭州、绍兴、诸暨，湖南省的岳阳，湖北省，重庆市；涉及南京的有第五阕“玄武湖边风折巾”，第二十一阕“朱雀桥边闲草冷，乌衣巷口斜阳井”；涉及常熟的有第十六阕“虞山酒家饶樱笋”，第三十六阕“虞仲坟前芳草深”，第五十二阕“虞山麓下荒祠立”；涉及苏州的有第五十二阕“苏台树老留残碧”；涉及杭州的有第一阕“吴山笼烟青雾湿”，第十四阕“西湖一鉴天水平”；涉及绍兴的有第四十三阕“稽山月落英雄静”；涉及诸暨的有“越山遥，吴水急”；涉及岳阳的有第二十四阕，“洞庭波溶金液静”；涉及湖北省的有“荆山四望青岚湿，武昌杨柳何堪及”；涉及重庆的有第十八阕“巫峡高高两山影”，第五十七阕“巫山巫峡凄清意”。《栢台草》四十阕词

[1] 吴梅:《词学通论》，复旦大学出版社2005年版，第107页。

中描绘山水风光的比较少，只有四阕。

《容台小草》六十阕词中描绘田园闲适生活的词有二十九阕，描述琐事非常详细，如第四阕“家家社庙赛灵神，离离满地桑麻影”，第八阕“蚕事忙，农务急，采桑女儿衫露湿。短垣梯裙腰及，织手扳条叶团碧”，第十三阕“东家种竹西家笋，篱落村坊白日静”，第二十六阕“春锄啼，布谷急，江云暮霭陌头湿”，字里行间也表达了作者的向往，如第十一阕“谁云荷插不可及，邻家酒熟香浮碧。抱瓮遭缚心不邑，痴儿胡马相咤立。天地如梗我如萍，释老孔孟心营营”，第四十七阕“青林曲幛千竿笋，一区茅舍溪云静。中有幽人晚读书，功名不上麒麟影”。《栢台草》四十阕词中田园生活有十八阕，且比《容台小草》描绘的更细致，其中包括关于节庆的如第七阕“春松暄来腊罢冷，爆竹迎新除万井……元宵近，灯火急，火树膏残蜡点湿”，第二十九阕“元宵灯火侈于萍”，有关于饮酒如第三阕“酒酣不觉筵前立”，第二十九阕“酒筹交互筵前立”，“五侯门第酒杯营”，第三十六阕“次第觥筹交互及，杯深绿蚁澄澄碧”，有观察孩童生活的如第二十阕“儿童戏逐风筝立”，第二十八阕“儿童笑问灯花立”。

在一百阕词中，赵琦美直接言及思念家乡的词有六阕。《容台小草》第三十九阕中，赵琦美言“不念空闺抱于邑，懊悔初心坚志立。谁知浪子似浮萍，漫把思情心上营”中，自比“浪子”。《栢台草》中，有第一阕“二字平安书未及”，第五阕“回首家山天际碧”，第三十二阕“征夫何日归乡井”，第三十七阕“醉里他乡忘故邑”，第三十八阕“故人目断他乡井”。

在《容台小草》六十阕词里，涉及典故的有十阕。在第一阕“行乐行乐需时及，夫差故国望中碧。泰伯虞仲经营邑，踌躇搔首风前立”中，赵琦美借夫差、虞仲表达自己的思乡之情。第五阕“至今人说胭脂井”，胭脂井又名辱井，位于南京玄武湖侧，传陈后主闻隋兵南下，与两爱妃投入此井，后人用此井代指陈后主亡国。同样提到陈后主的还有第六阕“叔宝亡陈迹似萍”。第十阕“平康陌上采花营”中，“平康”原指唐代长安平康坊，因是妓女所居之地而闻名，后人以“平康”代指青楼，与前文“娼家女儿偎门立”相呼应。第十八阕“湘水夫人泣斑笋，帝车寂寞山静”，屈原曾作《湘君》、《湘夫人》借湘君与湘夫人相会错过，表达自己空有才华而不受楚王重用的抑郁之情。第十九阕“仲谋口，寄奴急，几番老泪英雄湿”中两个典故连用：三国时吴国开国皇帝孙权字仲谋，孙权统领江东长达五十二年；南北朝时期宋朝建立者刘裕小名寄奴，曾统一江南地区。第二十九阕“江鱼尺素寄不及”，“江鱼尺素”最早出现在汉乐府《饮马长城窟行》中：“客从远方来，遗我双鲤鱼。呼儿烹鲤鱼，中有尺素书。”原指传递书信，用以表达对亲人的思念。第三十七阕“谁说齐梁一代尘”，齐、梁指的南朝“宋、齐、梁、陈”中的两个，皆定都建康，即南京。第四十三阕“苎萝山剩美人魂，浣沙石畔精灵影。越王台上啼鹃影，铸金人去遗鸱井。溪纱剪作绣萝巾，覆面夫差骨已尘”，引用西施被献吴王夫差，完成越王勾践复国大业后，勾践命人沉西施于江，以报鸱夷的典故，感慨王朝兴衰，岁月流逝。第五十七阕“神女阳台空自立”，最早出自宋玉《高唐赋》：“梦见一妇人曰：‘妾，巫山之女也。为高唐之客。闻君游高唐，愿荐枕席。’王因幸之。去而辞曰：‘妾在巫山之阳，高丘之阻，旦为朝云，暮为行雨。朝朝暮暮，阳台之下。’”“巫山神女”一典称为美女代称，“巫山云雨”、“阳台梦”则常用于形容男女欢好。《栢台草》中用典之处有三阕，第十二阕“平康巷过青楼及，娼家女儿关朱碧”、第十四阕“夫差功深似飘萍”与《容台小草》用典重复，第十八阕“望夫几化湖山立”，借“望夫石”典故，抒发自己思乡之情。

综合《容台小草》与《栢台草》的内容可看出：

其一，在北京为官的赵琦美非常思念江南，写词与抄校杂剧均是为排解思乡愁绪。赵琦美共作一百阕词中，凡涉及具体地名的，无一北方，全部为南方。其中涉及田园生活的有四十七阕，将近占全部创作的一半。直言思乡的词有六阕，非常直白。据赵琦美在《支续江南春》中自述：

> 癸丑，饷旋百逋交萃，不保先人之庐矣。举头今昔乃迸迹于遗。老庄吟所谓江南春者，意未止于此。更续廿十叶，聊解穷愁岂自多哉。

赵琦美由南京调至北京任职，只能以和《江南春》而解愁烦。从侧面也可看出赵琦美在京为官并不顺利，这令他更加向往田园生活，渴望归家。

其二，赵琦美在北京为官未能一展抱负，抑郁不得志。赵琦美的一百阕词中反复提及四个人，分别是孙权、刘裕、陈叔宝、夫差。借陈叔宝、夫差的亡国的教训是赵琦美看清万历末年的外忧内患，表达自己忧国忧民的思乡；借孙权与刘裕的金戈铁马，则慨叹自己心怀抱负而不得志。

其三，最后一阕中赵琦美直言“阳春白雪知音冷”，似感慨知音难寻。究其交友，大部分都在南方，如此情况下，其只有寄情诗词，抒发乡思。

第四节 《脉望馆书目》研究

（一）版本

《脉望馆书目》现存两个书名，一为《脉望馆藏书目》，有清嘉庆七年黄氏士礼居抄本《脉望馆藏书目》和清抄本。此两种均不分卷，均为半叶十一行，无格，前者一册，内有黄丕烈的校跋，后者两册，内刘喜海的跋。一为《脉望馆书目》，有劳氏丹铅精舍抄本，赵氏家抄本，玉简斋宣统二年刻本，涵芬楼秘笈影印本。劳权抄本有四卷两册（现存三卷），半叶十四行，白口，四周单边。赵氏家抄本为同治六年赵琦美族孙所抄，两册一函。罗振玉以赵氏家抄本为底本，将其收录于《玉简斋丛书二集》中，刻本，半叶十三行，小字双行，黑口，四周单边。1924年孙毓修辑《涵芬楼秘笈》收录《脉望馆书目》，此版根据千墨庵主人抄本影印，一卷四册，半叶十行，黑口，双边。

（二）内容

《脉望馆书目》的类目将传统的经史子集四部与“千字文”编排。分“天、地、玄、黄、宇、宙、洪、荒、日、月、盈、仄、辰、宿、列、张、寒、来、暑、往、秋、收、冬、藏、闰、余、成、岁、律、吕”三十个字号，并记载藏书位置。此编排体例应是效法《文渊阁书目》。

书目分“经、史、子、集”四大类，著录“天字号·经类”共一百七十五种；“地字号·经类”共一百一十三种；“玄字号·史类”共三十四种；“黄字号·史类”七十四种；“宇字号·史类”共一百零四种；“宙字号·史类”共二百二十三种；“洪字号·史类”共一百二十七种；“荒字号·史类”共二百八十二种；“日字号·史类”共二百种；“月字号·史类”共一百零九种；“盈字号·史类”一百零四种；“昃字号·子类”共一百八十六种；“辰字号·子类”共二百四十六种；“宿字号·子类”共四十八类种；“列字号·子类”共六十九种；“张字号·子类”共三百六十七种类；“寒字号·子类”共一百二十一种；“来字号·子类”共一百九十三种；“暑字号·子类”共二百二十种；“往字号·集类”共七十七种；“秋字号·集类”共九十五种类；“收字号·集类”共一百三十九种；“冬字号·集类”共一百一十八种；“藏字号·集类”共一百五十四种；“闰字号·集类”共一百九十五种；“余字号·不全宋元板书·经类”共十种、“史类”共二十九种、“子类”共四十二种、“集类”共二十二种；“成字号·旧板书·经类”共十二种、“史类”共二十四种、“子类”共十二种、“集类”七十种；“岁字号”未录其目。“律字号”为墨刻、书画、古玩杂物、“吕字号”为碑帖；万历四十六年续增书目“吕字号”共一百零四种。另据统计，赵琦美刻书有其父赵用贤《松石斋集》文三十卷诗六卷，《仲景全书》四种二十六卷，《陈眉公杂录》二十四种，《周髀算经》二卷《音义》一卷，唐段成式《酉阳杂俎》前集二十卷续集十卷，宋吴缜《新唐书纠缪》二十卷，宋罗大经《鹤林玉露》十六卷《补遗》一卷，宋苏轼《东坡杂著五种》七卷。钱谦益称其藏书：

> 于当世诸凡天官、兵法、谶纬、算历、以至水利之书，火攻之谱，神仙药物之事，丛杂荟蕞，见者头目眩晕，君独能囿记而悉数之。[1]

“子类”里的医书类影响最为深远，又细分为“医书总”“本草”“素问”“脉诀”“伤寒”“幼科”“针灸”“外科”“养生”“女科”“风科”“祝田”“按摩”“马医”十四类，种类全备，涉及方药本草、内经、伤寒、儿科、妇科、针灸、内科保健、兽医。宋元刻本有：《元板证类本草》廿八本、《元板本草元命苞》二本（缺序文目录）、《元板王汉东小儿方》一本、《颅囟经》二本（即《婴儿妙诀》，上本宋刊板、下本影宋钞）。

“史类”中分“正史”“杂史”“职官”“起居注”“编年”“传记”及“伪史霸史”。其中“伪史霸史”一类在其他书目中非常少见，下列二十四部书，有《大金国志》、《南唐书》、《南诏事略》、《吴越春秋》、《征苗图记》等，以当时所视为蛮夷之地居多。此类书并不列于正史之列，是寻常藏书家不屑收藏的。赵琦美虽受儒家正统思想的影响，但是并不迂腐，相反，对于史书的收藏兼并包容，这与他以史为鉴的历史

[1]〔明〕钱谦益：《牧斋初学集》一百十卷，崇祯十二年（1639）刻本，卷第六十六《刑部郎中赵君墓表》。

观是相符的。

此外赵琦美对于地志涉猎广泛，包括“两京一十三省”，其中南直隶、北直隶、山东、河南、陕西中除总志外，府县单列条目。本国之外，书目还涉及国外及传教士译本。洪字号“外夷”记载十五种地志:《殊遇周咨录》十二本、《咸实录》四本、《安南图志》一本、《日本考》四本、《异域志》二本、《四夷广记》九本、《嘉靖十一年使琉球录》二本、《万历三十四年使琉球录》二本、《朝鲜国图》一张、《朝鲜赋》一本、《百夷传》一本、《北虏考》一本、《北虏事迹》二本、《贡市边记》一本，《日本图纂》一本、《百咏蛮夷诗》一本，包括越南、日本、蒙古、朝鲜等国。另专列“太西人著述”，收录了七本西方传教士的译著，有《畸人论》二本、《泰西水法》二本、《畸人论心记法》一本、《天主教要》一本、《浑盖通宪图说》二本、《测量法义》一本、《几何原本》二本，涉及西方宗教与科学技术。由此可见，赵琦美藏书涉猎之广博，其眼界和心胸的开阔。

在文学方面，除常规诗文、小说、词曲外，赵琦美单列“杨升菴[1]集附”，位于“词曲类附”后。杨升菴即明代文人杨慎（1488—1559），字用修，号升庵，四川新都人，东阁大学士杨廷和之子，明代著名文学家，著有《升菴集》。杨慎为正德六年（1511）殿试第一，授翰林院修撰。嘉靖三年（1524），因嘉靖追封“大议礼”事件触怒皇帝，被谪云南永昌卫，终身不赦。嘉靖三十八年，客死云南，年七十二，《国朝献征录》收

[1]“菴”疑同庵字。

录其年谱。赵琦美之父赵用贤著《赵定宇书目》，单列“杨升菴书集目录”，收录藏书四十二部，赵琦美扩充至五十余部。杨慎曾自言其与赵用贤的交往：

> 常熟赵定宇用贤，余先师参藩益斋公子也。得第后，又入馆，选为第一人。喜而录其入馆之作于此。其诗曰：“皇威赫赫耀天兵，南指楼船百粤平。万里蛮烟开象郡，三秋海色净羊城。谋谟自协周宣睿，岭徼谁传汉武名。圣泽于今沾异域，凯歌直欲继尧赓。”前闻定宇在家，恐后场挂漏，夜读郑淡泉策奥，不背诵不休，直至体疲头晕，亦不稍辍，其坚苦如此。余忆幼侍先师学文，每夜必三鼓，略假寐即起，有睡意辄批颊自詈。[1]

杨慎是赵用贤之父赵承谦的学生，此文详细记录赵承谦教导杨慎及赵用贤刻苦读书之事。观杨慎一生刚正，著述颇多，对经、史、诗、文、词曲、音韵、金石、书画无所不通，而且对天文、地理、生物、医学等也有很深的造诣，对程朱理学亦多有批驳之作，赵用贤与赵琦美父子对其观点应是认同与欣赏的态度。

（三）著录方法的开创性

孙毓修对《脉望馆书目》跋曰：“分橱标类，条理秩如。所储异本实已不少，‘不全旧宋元本’另列一类，实开近世著录残宋元本之先例。”[2]宋元刻本是《脉望馆书目》中非常

---

[1]〔明〕杨慎：《戒庵老人漫笔》，中华书局2006年版，第225页。

[2]〔清〕孙毓修：《脉望馆书目·跋》，《涵芬楼秘笈》第六集，商务印书馆1924年版，第1页。

重要的一部分，据《明代虞山藏书家赵用贤、赵琦美父子研究》一文专门列表统计《脉望馆书目》中各处涉及宋元刻本五十一种[1]，另据“余字号·不全旧宋元板”涉及残缺宋元刻本一百零三种（注：此数字与吴文有出入），共涉及宋元刻本一百五十四种，这在当时藏书家中亦是罕见的。《脉望馆书目》开后世藏书家藏书目录著录残宋元本书的先河，赵琦美此举，对于考证古今文献传承有重要影响。

《脉望馆书目》中还记载了各地版本，这在历代研究中未曾探讨过，特列如下：

序号	类别	书名	册数
1	元字号　史类一　正史	麻沙板《史记》 甲头本配福建板	十五本
2	元字号　史类一　正史	元麻沙板《史记》 乙未装订	十二本
3	元字号　史类一　正史	昆山翻宋板《晋书》	六十本
4	辰字号　子类二　素问	松江板《素问》	三本
5	暑字号　子类八　小说	高丽板《三网行实》	五本
6	秋字号　集类二　总文	徽板《文选》	三十本
7	秋字号　集类二　总文	南京翻宋板《陶靖节集》	一本
8	收字号　集类三　唐人集	高丽板《杜诗》	七本
9	秋字号　集类二　总文	徽板《文选》	三十本

[1] 吴潍嘉：《明代虞山藏书家赵用贤、赵琦美父子研究》，2014年硕士论文，安徽师范大学。

麻沙板，应是指福建建阳县西麻沙镇书坊所刻的书，此地在宋元时期便以刻书著名，当地人世代以刻书为业，其刻本遍销全国，还远至朝鲜、日本。高丽板应是在朝鲜刊刻的书籍。徽板应是在安徽所刻书籍，昆山、松江、南京皆为地名。可看出赵琦美藏书，不拘泥于地域，收录甚广。另外，昆山翻宋板《晋书》，南京翻宋板《陶靖节集》是《脉望馆书目》中明确注明翻宋板的书目。

综上而言，赵琦美作为藏书家，有开常熟地区藏书之风尚的影响力，其藏书楼“脉望馆”曾是江南地区最重要的私家藏书楼之一，所著《脉望馆书目》，开藏书家著录宋元旧本先河。另外赵琦美出身官宦世家，与同时期文人以藏书为名多有相交，其中囊括了明万历朝多位著名文人，如钱谦益、焦竑等，与东林党人亦交往密切。刊刻保存的书籍不仅涉及经史子集，还有医学、戏曲学、建筑学等多个领域，不仅对古典文献研究有重要意义，对于研究元明两代的社会风貌亦有重要史料价值。

附　录

赵琦美藏书题跋名录及原文

一、赵琦美《脉望馆钞校本古今杂剧》题跋剧目名录

序号	剧名	作者	校跋原文	版本情况
1	孤雁汉宫秋	〔元〕马致远		万历十六年刊本
2	马丹阳三度任风子	〔元〕马致远	内本、世本，各有损益，今为合作一家。	抄本
3	吕洞宾三醉岳阳楼	〔元〕马致远		万历十六年刊本
4	江州司马青衫泪	〔元〕马致远		万历十六年刊本
5	半夜雷轰荐福碑	〔元〕马致远		万历十六年刊本
6	西华山陈抟高卧	〔元〕马致远		万历十六年刊本
7	孟浩然踏雪寻梅	〔元〕马致远		万历二十六年刊本
8	开坛阐教黄粱梦	〔元〕马致远		万历十六年刊本
9	苏子瞻风雪贬黄州	〔元〕费唐臣	录于小谷本。	抄本
10	四丞相歌舞丽春堂	〔元〕王德信		万历十六年刊本
11	吕蒙正风雪破窑记	〔元〕王德信	乙卯五月十二日校内本，清常记。	抄本
12	死生交范张鸡黍	〔元〕宫天挺		万历二十六年刊本
13	杜蕊娘智赏金线池	〔元〕关汉卿		万历十六年刊本
14	刘夫人庆赏五侯宴	〔元〕关汉卿	于小谷本录校，丁巳六月五日，清常道人。	抄本
15	单刀会	〔元〕关汉卿		抄本

（续表）

序号	剧名	作者	校跋原文	版本情况
16	赵盼儿风月救风尘	〔元〕关汉卿		万历十六年刊本
17	温太真玉镜台	〔元〕关汉卿		万历十六年刊本
18	望江亭中秋切鲙旦	〔元〕关汉卿	万历四十二年甲寅十二月二十日校内本于真如邸中，清常道人。	万历二十六年刊本
19	钱大尹智宠谢天香	〔元〕关汉卿	校过于小谷本。	万历十六年刊本
20	邓夫人苦痛哭存孝	〔元〕关汉卿		抄本
21	钱大尹智勘绯衣梦	〔元〕关汉卿		万历十六年刊本
22	包待制三勘蝴蝶梦	〔元〕关汉卿	万历四十四年十一月十三日长至未刻校，清常道人。	万历十六年刊本
23	感天动地窦娥冤	〔元〕关汉卿		万历十六年刊本
24	山神庙裴度还带	〔元〕关汉卿		抄本
25	尉迟恭单鞭夺槊	〔元〕关汉卿		抄本
26	状元堂陈母教子	〔元〕关汉卿		抄本
27	唐明皇秋夜梧桐雨	〔元〕白朴		万历十六年刊本
28	董秀英花月东墙记	〔元〕白朴	万历四十三年乙卯二月十九日，校抄于小谷藏本，于即东阿谷峰于相公子也，清常道人记。	万历十六年刊本
29	裴少俊墙头马上	〔元〕白朴		万历十六年刊本
30	保成公径赴渑池会	〔元〕高文秀	万历四十三年七月初八校内本，清常记。	抄本

（续表）

序号	剧名	作者	校跋原文	版本情况
31	好酒赵元遇上皇	〔元〕高文秀	于小谷本录校，丁巳六月五日，清常道人。	抄本
32	刘玄德独赴襄阳会	〔元〕高文秀	万历乙卯仲秋二之日校内，清常记。	抄本
33	立成汤伊尹耕莘	〔元〕郑光祖	《太和正音谱》有《伊尹扶汤》，或即此，是后人改今名也。然词句亦通畅，虽不类德辉，要亦非俗品，姑置郑下，再考，清常。万历四十三年孟夏十九日校录内本，清常道人琦识。	抄本
34	钟离春智勇定齐	〔元〕郑光祖		抄本
35	邹梅香骗翰林风月	〔元〕郑光祖		万历二十六年刊本
36	醉思乡王粲登楼	〔元〕郑光祖		万历二十六年刊本
37	迷青琐倩女离魂	〔元〕郑光祖		万历十六年刊本
38	虎牢关三战吕布	〔元〕郑光祖		抄本
39	张子房圯桥进履	〔元〕李文蔚	乙卯三月二十三日校内本，清常道人。	抄本
40	同乐院燕青博鱼	〔元〕李文蔚		抄本
41	破符坚蒋神灵应	〔元〕李文蔚		抄本
42	庄周梦胡蝶	〔元〕史樟	于小谷录校，时丁巳五月二十四日，清常。	抄本

（续表）

序号	剧名	作者	校跋原文	版本情况
43	张孔目智勘魔合罗	〔元〕孟汉卿	校过于小谷本，丁巳六月初八日，清常。	万历十六年刊本
44	陶学士醉写风光好	〔元〕戴善夫		万历十六年刊本
45	东堂老劝破家子弟	〔元〕秦简夫	万历四十三年乙卯孟春十三日四鼓校内本，清常道人琦记。	万历二十六年刊本
46	孝义士赵礼让肥	〔元〕秦简夫		万历二十六年刊本
47	陶母剪发待宾	〔元〕秦简夫	于小谷本录校。	抄本
48	宋上皇御断金凤钗	〔元〕郑廷玉	于小谷本。	抄本
49	布袋和尚忍字记	〔元〕郑廷玉		万历二十六年刊本
50	楚昭公疏者下船	〔元〕郑廷玉	内本录校，时万历四十四年丙辰二月廿八日，清常赵琦美识。	抄本
51	看财奴买冤家债主	〔元〕郑廷玉	甲寅十二月廿五日校内本，清常记。	万历二十六年刊本
52	包龙图智勘后庭花	〔元〕郑廷玉		万历十六年刊本
53	断冤家债主	〔元〕郑廷玉		抄本
54	宋太祖龙虎风云会	〔元〕阙名		万历十六年刊本
55	诸葛亮博望烧屯	〔元〕阙名	万历四十三年乙卯二月廿九晦日校内本。大约与《诸葛亮挂印气张飞》同意，此后多管通一节。笔气老干，当是元人行家，清常道人记。	抄本

（续表）

序号	剧名	作者	校跋原文	版本情况
56	庞涓夜走马陵道	〔元〕阙名		抄本
57	忠义士豫让吞炭	〔元〕阙名		万历十六年刊本
58	锦云堂美女连环记	〔元〕阙名	四十三年正月朔旦起，朝贺待漏之暇校完，清常道人记。	万历二十六年刊本
59	苏子瞻醉写赤壁赋	〔元〕阙名		万历十六年刊本
60	郑月莲秋夜云窗梦	〔元〕阙名	于小谷本录校，清常。	抄本
61	王月英元夜留鞋记	〔元〕阙名		万历二十六年刊本
62	河南府张鼎勘头巾	〔元〕孙仲章	万历四十四年十一月十四日，朝贺冬节，四鼓起，侍班梳洗之余校于小谷本，清常道人。	万历十六年刊本
63	朱砂担滴水浮沤记	〔元〕阙名	清常道人校内本，时乙卯三月廿二日。	抄本
64	货郎旦	〔元〕阙名		抄本
65	敬德不伏老	〔元〕阙名		抄本
66	施仁义刘弘嫁婢	〔元〕阙名	校内本过，清常道人。 乙卯季春五之日。	抄本
67	刘千病打独角牛	〔元〕阙名	万历四十三年仲春二十三日校内本，清常道人志。	抄本
68	断杀狗劝夫	〔元〕阙名		抄本

（续表）

序号	剧名	作者	校跋原文	版本情况
69	大妇小妻还牢末	〔元〕阙名		抄本
70	讲阴阳八卦桃花女	〔元〕阙名	万历乙卯仲秋朔，校内本，清常。	抄本
71	玎玎珰珰盆儿鬼	〔元〕阙名		抄本
72	刘玄德醉走黄鹤楼	〔元〕阙名	内本录校，道人清常。《录鬼簿》有《刘先生襄阳会》，是高文秀所作，意者即此词乎？当查。丁巳十二月十九日。	抄本
73	玉清庵错送鸳鸯	〔元〕阙名		万历十六年刊本
74	关云长千里独行	〔元〕阙名		抄本
75	孟光女举案齐眉	〔元〕阙名		抄本
76	存孝打虎	〔元〕阙名	丁巳年借于小谷本录校，清常记。	抄本
77	狄青复夺衣袄车	〔元〕阙名	乙卯七月五之日校内本，清常。	抄本
78	摩利支飞刀对箭	〔元〕阙名	万历四十二年乙卯三月十六日校内本，清常记。	抄本
79	降桑椹蔡顺奉母	〔元〕阙名	内本录校，道人清常记。	抄本
80	罗李郎大闹相国寺	〔元〕阙名		万历十六年刊本
81	马丹阳度脱刘行首	〔元〕阙名		万历十六年刊本

（续表）

序号	剧名	作者	校跋原文	版本情况
82	阀阅舞射柳蕤丸记	〔元〕阙名	内本与世本稍稍不同，为归正之。时万历四十三年乙卯仲春念有一日也，清常道人。	抄本
83	百花亭	〔元〕阙名		抄本
84	龙济山野猿听经	〔元〕阙名		万历十六年刊本
85	二郎神醉射锁魔镜	〔元〕阙名		万历十六年刊本
86	汉钟离度脱蓝彩和	〔元〕阙名		万历十六年刊本
87	李云英风送梧桐叶	〔元〕阙名		万历十六年刊本
88	赵匡义智娶符金锭	〔元〕阙名		万历二十六年刊本
89	包待制智赚生金阁	〔元〕武汉臣	乙卯四十三年孟春三之校内本，清常道人。	万历二十六年刊本
90	包待制智斩鲁斋郎	〔元〕阙名	万历四十四年十一月十二日长至夜校于小谷本，清常道人记。	万历十六年刊本
91	张公艺九世同居	〔元〕阙名	此册与于小谷本大同小异，又别录一册。丁巳四月十五日，清常道人。	万历二十六年刊本
92	月明和尚度柳翠	〔元〕阙名	丁巳正月廿八日校于小谷本，清常道人。	万历十六年刊本
93	独步大罗天	〔明〕朱权	于小谷本丁巳六月初七日校，清常。	抄本

（续表）

序号	剧名	作者	校跋原文	版本情况
94	卓文君私奔相如	〔明〕朱权		抄本
95	刘晨阮肇误入天台	〔明〕王子一	丁巳六月初八日四鼓，侍班待漏次校于小谷本。自去年八月雨后，此日方有雨寸许，清常道人。	万历二十六年刊本
96	黄廷道夜走流星马	〔明〕黄元吉	于小谷本录校。	抄本
97	吕洞宾三度城南柳	〔明〕谷子敬	校过于小谷本，丁巳六月初八日记，清常。	万历十六年刊本
98	铁拐李度金童玉	〔明〕贾仲明		万历十六年刊本
99	吕洞宾桃柳升仙梦	〔明〕贾仲明		万历十六年刊本
100	萧淑兰情寄菩萨蛮	〔明〕贾仲明		万历十六年刊本
101	荆楚臣重对玉梳	〔明〕贾仲明		万历十六年刊本
102	翠红乡儿女两团圆	〔明〕杨文奎		万历二十六年刊本
103	洞天玄记	〔明〕杨慎		万历十六年刊本
104	司马入相传奇	〔明〕桑绍良		抄本
105	灌将军使酒骂座记	〔明〕阙名		万历十六年刊本
106	金翠寒衣记	〔明〕阙名		万历十六年刊本
107	渔阳三弄	〔明〕阙名		万历十六年刊本
108	玉通和尚骂红莲	〔明〕阙名		万历十六年刊本
109	木兰女	〔明〕阙名		万历十六年刊本
110	黄崇嘏女状元	〔明〕阙名		万历十六年刊本
111	僧尼共犯传奇	〔明〕阙名		抄本
112	东华仙三度十长生	〔明〕朱有燉		万历十六年刊本
113	群仙庆寿蟠桃会	〔明〕朱有燉		万历十六年刊本

（续表）

序号	剧名	作者	校跋原文	版本情况
114	吕洞宾花月神仙会	〔明〕朱有燉		万历十六年刊本
115	惠禅师三度小桃红	〔明〕朱有燉		抄本
116	张天师明断辰钓月	〔明〕朱有燉	丁巳三月廿八日校，清常道人。	抄本
117	洛阳风月牡丹仙	〔明〕朱有燉	丁巳正月廿九日于小谷本校抄，清常。	抄本
118	清河县继母大贤	〔明〕朱有燉		万历十六年刊本
119	赵贞姬身后团圆梦	〔明〕朱有燉		万历十六年刊本
120	刘盼春守志香囊	〔明〕朱有燉		万历十六年刊本
121	李亚仙花酒曲江池	〔明〕朱有燉		万历十六年刊本
122	紫阳仙三度常椿寿	〔明〕朱有燉		万历十六年刊本
123	福禄寿仙官庆会	〔明〕朱有燉		抄本
124	十美人庆赏牡丹园	〔明〕朱有燉		抄本
125	善知识苦海回头	〔明〕朱有燉		万历十六年刊本
126	瑶池会八仙庆寿	〔明〕朱有燉		抄本
127	黑旋风仗义疏财	〔明〕朱有燉		抄本
128	伍子胥鞭伏柳盗跖	阙名		抄本
129	十八国临潼斗宝	阙名	万历四十三年五月初八日校抄内本，清常道人。	抄本
130	田穰苴伐晋兴齐	阙名	内本抄校，时乙卯二月廿二日，清常记。	抄本
131	后七国乐毅图齐	阙名	万历四十三年二月二十六日校内本，清常道人。	抄本

（续表）

序号	剧名	作者	校跋原文	版本情况
132	吴起敌秦挂师印	阙名		抄本
133	守贞节孟母三移	阙名	万历四十三年七月初三日校内本，时自四十二年甲寅雨，至是日始得雨寸许，晚米稍苏矣，清常道人记。	抄本
134	汉公卿衣锦还乡	阙名	内本校录，清常记。	抄本
135	运机谋隋何骗英布	阙名		抄本
136	随何赚风魔蒯彻	阙名		抄本
137	韩元帅暗度陈仓	阙名		抄本
138	司马相如题桥记	阙名	万历四十三年七月廿三日，漏下二鼓，校于小谷本。 于相公云不似元人矩度，县隔一层，信然。相公东阿人。拜相见。 朝后便殂，观其所作《笔麈》，泾渭了了，惜也不究厥施云。清常道人琦美。 《录鬼簿》有关汉卿《升仙桥相如题柱》，当不是此册。四十五年丁巳十二月十八日，清常又题。	抄本

（续表）

序号	剧名	作者	校跋原文	版本情况
139	马援挝打聚兽牌	阙名	万历四十三年五月初六日，校内本，清常道人记。	抄本
140	云台门聚二十八	阙名	万历四十三年四月十一日校录内本，清常道人。	抄本
141	汉姚期大战邳仝	阙名	乙卯仲春念四日校内本，清常道人。	抄本
142	孝义士赵礼让肥	阙名	内本录校，清常记。	抄本
143	寇子翼定时捉将	阙名		抄本
144	邓禹定计捉彭宠	阙名	乙卯三月廿五日校内本，清常道人。	抄本
145	十样锦诸葛论功	阙名		抄本
146	曹操夜走陈仓路	阙名		抄本
147	阳平关五马破曹	阙名	乙卯五月廿三日校内本，清常道人。	抄本
148	走凤雏庞掠四郡	阙名	内本录校，清常记。	抄本
149	周公瑾得志娶小乔	阙名	乙卯孟秋十一月一日校内本，清常记。	抄本
150	张翼德单战吕布	阙名	万历四十三年乙卯仲春二十有八日，清常道人校内府本。	抄本

（续表）

序号	剧名	作者	校跋原文	版本情况
151	莽张飞大闹石榴园	阙名		抄本
152	关云长单刀劈四寇	阙名		抄本
153	寿亭侯怒斩关平	阙名		抄本
154	关云长大破蚩尤	阙名	万历四十三年岁次乙卯孟秋之月二十三有日大雨中校内本，清常道人。	抄本
155	刘关张桃园三结义	阙名		抄本
156	张翼德三出小沛	阙名		抄本
157	张翼德大破杏林庄	阙名		抄本
158	陶渊明东篱赏菊	阙名	内本校录，道人清常记。	抄本
159	长安城四马投唐	阙名		抄本
160	立功勋庆赏端阳	阙名	万历四十二年甲寅正月廿一日，灯下校本。清常道人。	抄本
161	贤达妇龙门隐秀	阙名		抄本
162	招凉亭贾岛破风诗	阙名		抄本
163	众僚友喜赏浣花溪	阙名	万历四十三年孟春念有廿五日，校山东于相公子，中舍小谷本抄校。清常道人琦。	抄本
164	魏征改诏风云会	阙名		抄本
165	程咬金斧劈老君堂	阙名		抄本
166	徐茂公智降秦叔宝	阙名	乙卯孟秋月六日校内本，清常琦。	抄本

（续表）

序号	剧名	作者	校跋原文	版本情况
167	小尉迟将斗将将鞭认父	阙名		抄本
168	尉迟恭鞭打单雄信	阙名		抄本
169	十八学士登瀛洲	阙名	于小谷本录校乙卯二月初八日有事昭陵书于公署，清常道人。	抄本
170	唐李靖阴山破虏	阙名		抄本
171	李嗣源复夺紫泥宣	阙名		抄本
172	飞虎峪存孝打虎	阙名	万历乙卯四十三年二月十二日，校内本，清常记。	抄本
173	压关楼叠挂午时牌	阙名		抄本
174	存仁心曹彬下江南	阙名		抄本
175	八大王开诏救忠臣	阙名	乙卯七月十一日，校内本。	抄本
176	杨六郎调兵破天阵	阙名		抄本
177	焦光赞活拿萧天佑	阙名		抄本
178	宋大将岳飞精忠	阙名	万历四十三年六月十五日校内本，清常道人。	抄本
179	十探子大闹延安府	阙名	万历四十三年乙卯七月十九日校内本，清常道。	抄本
180	张于湖误宿女真观	阙名	乙卯四月初七日校抄于小谷本，清常道人记。	抄本

（续表）

序号	剧名	作者	校跋原文	版本情况
181	女学士明讲春秋	阙名	于小谷本录校。此必村学究之笔也，无足取，可去。四十年五月十四日，清常道人。	抄本
182	赵匡胤打董达	阙名	内本校录。丙辰三月十五日，清常记。	抄本
183	穆陵关上打韩通	阙名		抄本
184	相国寺公孙汗衫记	阙名	万历乙卯五月晦日校内本，清常道人琦。	抄本
185	海门张仲村乐堂	阙名	万历四十三年乙卯七月初十日校内本，是日瑞王成婚并记。	抄本
186	王闰香夜月四春园	阙名		抄本
187	女姑姑说法升堂记	阙名	内本校过。乙卯三月初二日清常记。	抄本
188	清廉官长勘金环	阙名		抄本
189	雷泽遇仙记	阙名	录于小谷本，此词是学究之笔，丁巳仲夏端日。	抄本
190	若耶溪渔樵闲话	阙名		抄本
191	徐伯株贫富兴衰记	阙名		抄本
192	薛包认母	阙名		抄本
193	认金梳孤儿寻母	阙名	于小谷本。	抄本

（续表）

序号	剧名	作者	校跋原文	版本情况
194	四时花月赛娇容	阙名		抄本
195	王文秀渭塘奇遇记	阙名	于小谷本录此村学究之笔也，姑存之，时丁巳六月廿七日，清常记。	抄本
196	月夜淫奔记	阙名	于小谷本抄校，词采彬彬，当是行家，乙卯三月廿五日，清常道人记。	抄本
197	风月南牢记	阙名	四十二年乙卯季春二六日校于本，清常记。	抄本
198	秦月娥误失金环记	阙名	于小谷本录校，大略与《东墙记》不甚相远，乙卯二月廿二日，清常道人记。	抄本
199	释迦佛双林坐化	阙名	于小谷本。	抄本
200	观音菩萨鱼篮记	阙名	乙卯七月初三日，校内本，清常记。	抄本
201	许真人拔宅飞升	阙名	万历四十三年七月初三日校内本，清常道人。	抄本
202	孙真人南极登仙会	阙名	乙卯正月十七日校内本，清常道人。	抄本

（续表）

序号	剧名	作者	校跋原文	版本情况
203	吕翁三化邯郸店	阙名	万历丁巳四月十八日校录于小谷本，清常道人。	抄本
204	吕纯阳点化度黄龙	阙名	内本录校，清常道人。	抄本
205	边洞玄慕道升仙	阙名	万历四十三年孟夏五日校内本，清常道人。	抄本
206	李云卿得悟升真	阙名	万历四十三年乙卯建辰三月念有五日校内本，清常。	抄本
207	王兰卿真烈传	阙名		抄本
208	太平仙记	阙名		抄本
209	瘸李岳诗酒玩江亭	阙名		抄本
210	太乙仙夜断桃符记	阙名	于小谷本录校，万历四十四年丙辰四月朔日校，是日始雷电雨，清常书于真如邸中。	抄本
211	南极星度脱海棠仙	阙名	于小谷本丁巳王正月二十二日校，清常道人。	抄本
212	张天师断风花雪月	阙名		抄本
213	时真人四圣锁白猿	阙名		抄本
214	猛烈那吒三变化	阙名		抄本
215	二郎神锁齐天大圣	阙名	万历四十三年二月十七日校内本，清常记。	抄本

（续表）

序号	剧名	作者	校跋原文	版本情况
216	灌口二郎斩健蛟	阙名	万历四十三年七月五之日校抄内本，清常道人。	抄本
217	二郎神射锁魔镜	阙名	内本录校，清常道人记。	抄本
218	鲁智深喜赏黄花峪	阙名	校于过。	抄本
219	梁山五虎大劫牢	阙名	乙卯孟夏三五日校内本，清常记。	抄本
220	梁山七虎闹铜台	阙名	万历四十三年乙卯正月十八日三鼓校内本，清常记。	抄本
221	王矮虎大闹东平府	阙名	乙卯三月十二日校内本，清常记。	抄本
222	宋公明排九宫八卦阵	阙名		抄本
223	黑旋风双献功	阙名		抄本
224	奉天命三保下西洋	阙名	万历四十三年乙卯八月初三日校内，清常道人记。	抄本
225	宝光殿天真祝万寿	阙名	乙卯七月初三日校内本，清常记。	抄本
226	众群仙庆赏蟠桃会	阙名	乙卯孟秋六之日校内本，清常记。	抄本
227	祝圣寿金母献蟠桃	阙名	乙卯正月十一日，抄内并校，清常。	抄本

（续表）

序号	剧名	作者	校跋原文	版本情况
228	降丹墀三圣庆长生	阙名	于小谷本录校，清常道人记。	抄本
229	众神圣庆贺元宵节	阙名	万历丙辰孟夏二之日校录于本，清常。	抄本
230	祝圣寿万国来	阙名	小谷本。	抄本
231	争玉板八仙过沧海	阙名	四十三年乙卯五月廿三日校内本，清常道人。	抄本
232	庆丰年五鬼闹钟馗	阙名	乙卯七月廿七日校内本，清常道人。	抄本
233	河嵩神灵芝庆寿	阙名	于小谷本录。	抄本
234	紫薇宫庆贺长春寿	阙名	于小谷本录校，丁巳仲夏二十三日，清常。	抄本
235	贺万寿五龙朝圣	阙名	内本录校，清常记。	抄本
236	众天仙庆贺长生会	阙名	内本录校，清常记。	抄本
237	庆冬至共享太平宴	阙名	乙卯孟秋六之日校内本，清常。	抄本
238	贺升平群仙祝寿	阙名		抄本
239	庆千秋金母贺延年	阙名	内本录校，清常记。	抄本
240	广成子祝贺齐天寿	阙名	校抄内本清常道人，乙卯季春七之日。	抄本

（续表）

序号	剧名	作者	校跋原文	版本情况
241	黄眉翁赐福上延年	阙名	万历四十三年乙卯季春初九日校内本，清常道人。	抄本
242	感天地群仙朝圣杂剧	阙名		抄本

二、其他藏书题跋原文

（一）赵琦美抄校书目及校跋原文

1.《百夷传》一卷

予欲集古今丛史，患遐陬之弗及周知矣。岁庚戌，补考在京师，闲步刑部街，因见此书，遂买之，录一册以随奚囊。盖亦山经水志之一班云。万历三十八年庚戌十一月十有三日清常道人赵琦美识。

2.《东国史略》六卷

《东国史略》六卷，不著姓氏。于燕京冯沧洲仲缨斋头见之，因借录一册。其书虽简略，而上下数千年间事历历可指诸掌，至如幽奇理乱之迹亦少概见，可谓东国之良史也。沧洲别有《东国通鉴》三十册，为东明石大司马星取去，闻其书更精于此，惜不得睹之。冯尝从事于东征，有全城之功而不见赏，今郁郁长安，索五斗米不能如侏儒之饱腹也，悲夫！时万历三十八年庚戌季秋朔后三日。

3.《徐侍郎集》二卷

辛丑正月初四日，患痰火不能出户，拥炉阅此卷。是年元日，大风可拔木发屋，凡三日乃杀。偶记。

4.《张光弼诗集》七卷

元《张光弼诗》二卷，为不解事书人强为解事，作七卷分之，遂失其本来面目。一卷之五卷，元合作第一卷，六卷之七卷，元合作第二卷也。其书借海盐胡孝辕氏藏本所录。徃[1]数年前，闻孙唐卿氏有是集，碌碌南北未及假录。昨岁差旋徃，谒孝辕，遂携之归录之，以偿夙昔。然胡本中颇多浥烂损坏字，尚须假孙氏本补之。集有辇下曲一百二首，宫中词二十一首皆道胡元宫闱中事也，别有国初宗室得所赐元老宫人言庚申君宫中事，为作宫词百。今见丈园谩[2]录，惜惟删去五十二章，今惟存四十八章，录作一家，以备一代之遗事云。时天启二年壬戌正月上元后一日，书于武源山中。连阴雨二十日矣，尚未有晴意，恐复作元年连绵四五月也。清常道人书。

5.《皇祐新乐图记》三卷

安定先生文昭公与阮屯田所定《皇祐新乐图记》，直斋陈先生于一百九十七年之后见其书，以为承平故物，慨然起敬，至于有生不于其时之恨，辄录藏之，又后九十一年，寿民得其书而录之，而敬藏之，为幸多矣。大元天历二年四月旦日，雪城吴寿民书于郭西小舍。按《通鉴》：仁宗景祐三年二月，诏胡瑗、阮逸较定锺律，盖以李照乐穿凿也。至皇祐二年闰十一月，置详定大乐局，其锺弇而直，声郁不发，著作佐郎刘羲叟

[1] 疑似“往”。
[2] 疑似“漫”。

曰，此谓害金，帝将感心腹之疾，已而果然，然则羲叟审音出胡、阮一等矣！何以当时不令羲叟同定乐哉？此书阁抄本，姑录之以俟伦旷耳。时万历三十九年十月十三日，书于奉常公署。清常道人志。

6.《东皋子集》三卷

金陵焦太史先生本录出，校于清溪官舍，时万历三十七年十月十四日，漏下初鼓，清常道人。

巳[1]酉三十七年十月十三日漏初，清常校。

7.《数书九章》十八卷

《数书九章》十卷，系赞九章序。东鲁秦九韶所作，而书不著作者姓名，岂即九韶所著耶？淳祐七年，宋理宗年号。此书原阁钞本，会稽王云来（应遴）录得，予借录一过。册元止名《数书》，九章二字，乃王添入。王有志经济，上书修《大明一统志》，已得旨，而礼曹不为一覆。今王已私修，俟覆开局也，岂非志士乎。万历四十四年丙辰孟秋晦日清常道人琦美记。

《数书九章》十八卷，宋淳祐间鲁郡秦九韶撰。会稽王应遴堇父借阁钞本而录也，予转假录之。原无目录，予为增入。时万历四十五年新正五日清常道人赵琦美记。

8.《杏庭摘稿》一卷

清常道人赵琦美书于冏藏公署。

9.《张右史文集》六十五卷

按《文献通考》，《张右史柯山集》一百卷今作《张右史

[1] 疑似“己”。

集》，无柯山字。将偶脱之耶？抑别有柯山集也。世盖行《张文潜集》，又作《张舍人集》，只四册，无诗独存文耳。当世为人选集，无疑戊戌[1]己亥间，于吴门书肆中得《右史集》四册，六卷之十卷，十六卷之二十卷，二十八卷之四十四卷中，又脱三十三卷三十四卷。脱首叶第二叶壬子。于金台见绥安谢耳伯兆申携得宋刻《右史集》八卷，约百余叶。予奚囊中偶未携得吴门本至悉为抄之。癸丑饷旋发箧中吴门本校，去重复，惟存四卷五十一至五十四也。岁丙辰东阿中舍于小谷纬，相公谷峰子也。藏有《右史集》十四册，因得借录，中间缺十一至十五，而以同文唱和诗抵之。凡联句唱和，古人集中俱序。绝句后突入古诗中一验也。而卷之首尾必割去数行，重书卷数二验也。二十一卷复脱以暇日，会友诗补之。此亦一验也。二十二卷之二十五卷全脱三十三卷脱以三十二卷分作两卷，今为改正。仍缺其三十三卷（四十五卷脱）丁巳正月补完有。四十九（卷脱第七页贺潘奉议致仕启等）六十三卷书简恐不止此一卷也。六十四卷六十五卷俱墓志，亦恐不止此二卷也。且此三卷中脱落之甚，姑附录之。以俟异日再访。时万历四十四年丙辰十月二十九日，书前二日大风，败前门外六柱五牌楼风力之大，一至于此，并记。清常道人赵琦美。

10.《止斋先生春秋后传》十二卷

《止斋春秋传》十二卷，金陵焦太史内阁抄本也，录之。又假唐太常节抄本挍焉，凡增订其讹脱，毋虑数十百处，惜

---

[1] 疑应作戌。

也。节文仅得其十之七，不能尽挍[1]其全，为可恨耳。时万历三十六年清常道人。

11.《资治通鉴纲目集览镌误》

张浙门氏原本，录于白门官舍。时万历三十五年五月初十，海虞赵琦美志。

12.《皇朝仕学规范》四十卷

依宋刻本录于御史廊衙斋中，少二十五卷至三十二卷，共八卷，俟再觅补葺。所载虽宋事，具皆格言，熟读令人身心非浅浅取益者，虽残编乎，抑半规明月，烛暗之所必向也。聊志此。时万历丁未清和望日，清常道人题。

（二）赵琦美刊刻书目及校跋原文

1.《鹤林玉露》十六卷补遗一卷

《说郛》载《鹤林玉露》三十卷，分甲、乙、丙三集，美家藏元本六卷，正《说郛》所谓甲集也，复脱其后四卷。乙巳之夏于吴门徐氏见此书钞本，宛然三十卷俱存。其家复多秘帙，必欲举而售之。其价昂甚，非三十金不可。美丁家难，囊底青蚨子母飞去殆尽，乌能胜之哉！悒悒者三年余矣。今兹大司马孙老先生欲重修留台旧本，美实承先生之命暨堂翁丁老先生之委，董其双对。凡增若干条，正其为脱亦若干条，虽略可句，讫不得为全书。岂离合显晦亦有冥冥者宰之，如所谓求有道而得有命不可致然欤！时万历三十六年戊申四月之吉，南京都察院照磨所照磨海虞赵琦美谨跋。

---

[1] 疑似“校”。

2.《仲景全书》

岁乙未，吾邑疫疠大作，予家臧获率六七就枕席，吾吴和缓明卿沈君南昉在海虞，藉其力而起死亡殆遍，予家得大造于沈君矣。不知沈君操何术而若斯之神？因询之，君曰："予岂探龙藏秘典，剖青囊奥旨而神斯也哉？特于仲景之《伤寒论》窥一斑两斑耳！"予曰："吾闻是书于家大夫之日久矣，而书肆间决不可得。"君曰："予诚有之。子读而知其为成无己所解之书也，然而鱼亥不可正，句读不可离矣。"已而构得数本，字为之正，句为之离，补其脱略，订其舛错。沈君曰："是可谓完书，仲景之忠臣也。"予谢不敏。先大夫命之："尔其板行，斯以惠阙同胞。"不肖孤曰："唯唯。"沈君曰："《金匮要略》，仲景治杂症之秘也，盍并刻之，以见古人攻击补泻缓急调停之心法。"先大夫曰："小子识之！"不肖孤曰："敬哉！既合刻，则名何从？"先大夫曰："可哉，命之名《仲景全书》。"既刻已，复得宋板《伤寒论》焉。予囊固知成注非全文，及得是书，不啻拱璧，转卷间而后知成文之荒也，曰复并刻之，所以成先大夫之志欤。又故纸中检得《伤寒类证》三卷，所以概括仲景之书，去其烦而归之简，聚其散而汇之一。其于病证脉方，若标月指之明，且尽仲景之法，于是灿然无遗矣。乃并附于后。予回[1]是哀夫世之人，向故不得尽命而死也。夫仲景殚心思于轩岐，辨证候于丝发，着为百十二方，以全民命，斯何其仁且爱，而跻一世于仁寿之域也！乃今之业医者，舍本逐

[1] 疑应作因。

末，超者曰东垣，局者曰丹溪已矣。而最称高识者，则《玉机微义》是宗，若《素问》，若《灵枢》，若《玄珠密语》，则嗒焉茫乎而不知旨归。而语之以张仲景、刘河间，几不能知其人与世代，犹布腼然曰："吾能已病足矣，奚高远之是务？"且于今之读轩岐书者，必加诮曰："是夫也，徒读父书耳，不知兵变已。"夫不知变者，世诚有之，以其变之难通而遂弃之者，是犹食而咽也，去食以求养生者哉，必且不然矣。则今日是书之刻，乌知不为肉食者大嗤乎！说者谓："陆宣公达而以奏疏医天下，穷而聚方书以医万民，吾子固悠然有世思哉。"予曰："不，不！是先大夫之志也！先大夫固尝以奏疏医父子之伦，医朋党之渐，医东南之民瘼；以直言敢谏，医谄谀者之膏肓，故踬之日多，达之日少。而是书之刻也，其先大夫宣公之志欤？今先大夫殁，垂四年而书成，先大夫处江湖退忧之心，盖与居庙堂进忧之心同一无穷矣。"客曰："子实为之，而以为先公之志，殆所谓善则称亲与？"不肖孤曰："不，不！是先大夫之志也。"万历己亥三月谷旦，海虞清常道人赵开美序。

3.《酉阳杂俎》二十卷

《文献通考》载《酉阳杂俎》前集二十卷，续集十卷，世仅行其前集。吴中廛市闹处，辄有书籍列入檐蔀下，谓之书摊子，所鬻者悉小说、门事、唱本之类。所谓门事，皆闺中儿女子所说唱也，或有一二遗编断简，如玄珠落地，间为罔象得之。美每从吴门过，必于书摊子上觅书一遍。岁戊子偶一摊见《杂俎续集》十卷，宛然具存，乃以铢金易归。奋然思校，恨无善本。美堂兄可庵案头有校本《杂俎前集》。因询其据何本校定，兄曰："吾妇翁缪含斋可贞氏，平生好奇读书，尝见昆山俞质夫先生有宋刻《杂俎》，因雠是书，吾转录此册耳。"美喜甚，便携之归。开窗拂几，较[1]三、四过，其间错误，如数则合为一则者，辄分之；脱者，辄补之；鱼亥者，就正之。不可胜屈指矣。又为搜《广记》类书及杂说所引，随类续补。岁乙巳，嘉禾项群玉氏复以数条见示，又所未备也，复为续之。乃知是书必经人删取，不然，何放逸之多乎？美每欲刻之，而患力不胜，丁未（1607），官留台侍御内乡李公有士安、元凯之僻，与美同好，自美案头见之，欣然欲刻焉。美曰："子不语怪，而《杂俎》所记多怪事，奈何先生广齐谐也？"先生曰："否，否。禹铸九鼎而神奸别，周公序《山海经》而奇邪著，使人不逢不若焉。噫！世有颇行凉德者。"侍御既以章疏为鼎、为经以别之矣，乃兹刻又大著怪事而广之。岂谓有若《尸穸》《诺皋》所记，存之于心，未见之于行事者，又章奏所不及攻而人所不及避也。藉此以诛其心，僇其意，使暗者、昧者皆趋朗日，不至烦白简矣。是亦息人心奇瑰之一端云。迪功郎南京都察院照磨海虞赵琦美撰。

4.《元故宫遗录》

《故宫遗录》者，录元之故宫也。洪武元年灭元，命大臣毁元氏宫殿。庐陵工部郎萧洵实从事焉，因而纪录成帙，有松陵吴节为之序。予于万历三十六年间，得于吴门书摊上，字画故暗不可句，因为校录一过。三十八年庚戌，于金陵得张浙门墨

[1] 疑似"校"。

本，为校正数十字，置之箧中。四十四年丙辰十一月，于金台，与刘元岳纵言，至于燕京往迹，一无可稽，闻有元耶律楚材《燕山志》及国初《北平志》，但耳其名，未目其文也。忽然忆有此书，因检之奚囊，幸以自随。两人相与击节，金台芜灭，基构不存。耶律完颜二氏，经营亦落荒草，铁木真氏，幸有兹编，稍不堕地。然庚申荒迷亡国，迹之令人悲怅，清写一帙，以备修史采录云。时万历四十四年仲冬廿二日，呵冻书，是日大风，二十日四鼓，大内又火延禧殿，并记。清常道人赵琦美。

5.《东坡先生杂著六种》十二卷

（含:《仇池笔记》二卷、《东坡志林》五卷、《艾子杂说》一卷、《东坡问答录》一卷、《杂纂》一卷、《渔樵闲话》二卷）

《仇池笔记》

《笔记》于《志林》，表里书也。先大夫既已序《志林》而刻之矣。兹于曾公《类说》中，复得此两卷，其与《志林》并见者，得三十六则，去其文而存其题，庶无复辞，亦不废若原书，此余刻《笔记》意也。窃谓长公才具七斗，游戏翰墨皆成文章，故片纸只字，无非断圭折璧。才既高而节复峻，此足以起忮矣，况复呶呶不胜。其睥睨一世，则侧目而揶揄之者，固将甘心焉？而相公厮坏，殆以柄国者为鳖矣。士固可杀不可辱也，议新法未必伤柄人之心，然此等语不足以彻髓耶！夫荆公固士也，学虽僻而奈何辱之哉？乌台之狱，岂尽人尤也乎！刻《笔记》。万历壬寅孟夏日，海虞清常道人赵开美识。

《东坡志林》

东坡先生志林五卷，皆纪元祐、绍圣二十年中所身历事，其间或名臣勋业，或治朝政教，或地里方域，或梦幻幽怪，或神僊伎术，词组单词，谐谑纵浪，无不毕具。而其生平迁谪流离之苦，颠危困厄之状，亦既略备。然而襟期寥廓，风流辉映，虽当群口见嫉、投荒濒死之日，而洒然有以自适其适，固有不为形骸彼我，宛宛然就拘束者矣。余友汤君云孙博学好古，其文词甚类长公，尝手录是编，刻未竟而会病卒。余子开美因拾其遗，复梓而卒其业，且为校定讹谬，得数百言。庶几汤君之志不孤，而坡翁之在当时其趑趄于世途、鞿缚于穷愁者，亦略可见云。万历乙未，海虞赵用贤撰。

《艾子杂说》

东坡谑浪笑傲之文，不俚而古真，足令人发噱，然而亦近于虐矣。夫虐非以虐人，即还以自虐，常也。坡公以谑虐人，亦多矣。乃身亦复虐焉。其虐人乎，亦自虐也。是故，君子括囊亡咎，刻艾子。时万历壬寅孟夏日海虞清常道人赵开美识。

《渔樵闲话》

尧夫渔樵问答，字字名理。老坡渔樵闲话，句句名喻。非理则不入，非喻则不启。吾谓二书为一经一纬。噫，理者其糟粕耶？喻者未尝非筌蹄也。醉浓饱鲜，是在得其旨而已。是书前卷凡脱数则，俟博雅者续之，刻《渔樵闲话录》。时万历壬寅孟秋朔日清常道人赵开美识。

《杂纂》

言近而指远者，善言也。杂纂所记，委巷丛谭耳。其间，理到处虽圣人复起而不能易是。岂徒博一解颐乎？夫以公之才卒，蕴而不试乃肆之。口舌间不几于腾口说乎？噫。亦当日之灾也。刻《杂纂》。时万历壬寅孟夏日海虞清常道人赵开美识。

6.《水经注》

己酉四月七之日酉刻校，清常。

季冬五日又校一过。清常道人。

赵琦美据《河水》四《注》，三成上增山字，非也。

赵琦美据《尔雅》，三成上补山字，以符合之。

赵琦美云，《竹书》是出字，于山字相近。

依赵琦美本改作南岸。

赵氏琦美曰，小学书无泉阝字，疑是郭字。

赵琦美云，《隶释》引此文作义士，按义士犹今云信士。

赵据琦美本别为一条，在魏宁县《注》后。

赵琦美校改一里。

《鲒埼亭集》外编卷三十二转录此书赵琦美校跋及流传情况：

清常道人《水经》一校于万历丙午，再校于己酉，三校于庚戌。盖以宋本谢本黄本分勘之，其所谓别钞本者则归太仆家本也。惜其失去第九卷至第十五卷，观其校于燕邸于直沽于中州于留台，用功亦勤矣。清常藏弆最富身后多归于钱遵王，而是书之传则叶石君之力也，今归于扬之马氏小玲珑山馆。

7.《铁网珊瑚》

《铁网珊瑚》:《书品》原四卷，《画品》亦四卷，吾海虞秦酉阳四麟所藏也。其伯子小酉君，有田在东门之外，予有池与之邻，其价可数金。小酉靳以此书暨旧板《太上感应篇》易去，事在丁酉之年。越十三年，予官留台，借焦弱侯先生本校之，且卷帙多于予所藏本，为增《书品》六卷，合十卷，《画品》二卷，合六卷，总得一十六卷。其先后次序，予辙为隲定焉。秦本虽有其书而无作书人名，向西阳亦曾有浮帖跋语一段，著作书者姓名。此帖侍御刘公九畹借录，失去其作书人名，遂忘之。影响间非朱存理氏也，且云所录八卷中语大都是丹阳孙氏藏者，而焦本所多者，意朱存理氏别有所睹而增入之，未可知也。予所见真迹虽少，然亦寸絫以续于后，庶几古人遗翰或存万一云。万历二十八年闰三月初十海虞赵琦美识。

8.《乐章集》

丁未七月初三日，烽前重校弱侯先生本。

校过兰公本，清常道人记。

9.《异录记》

万历已丑端阳后二日，发故簏，偶见此书跋语，抚卷慨然。为校正二十一字。赵清常记。

（三）其他藏书家转引赵琦美校跋原文

1.钱曾《读书敏求记》转引赵琦美校跋

①卷二《查考钱法》一卷

万历乙，清常道人校录孙兰上本。

②卷二《劳山仙迹诗》一卷

万历乙卯，赵清常借柏台靖恭堂本缮写。

③卷三《乾坤宝典》十二卷

脉望馆录本，清常道人校过。

④卷三《天文主管释义》三卷

万历戊子清常校记。

⑤卷四《黄庚月屋樵吟》四卷

诗多俊语，复多媚语，或时吐一二禅语句中往往有用世意，非不欲仕元者。

⑥《洛阳伽蓝记》

岁己亥，览吴琯刻《古今逸史》中《洛阳伽蓝记》，读未数字，辄龃龉不可句，因购得陈锡玄、秦西岩、顾宁宇、孙兰公四家抄本，改其讹者四百八十八字，增其脱者，三百二十字。

丙午，又得旧刻本，校于燕山龙骧邸中，复改正五十余字。凡历八载，始为完书。

2.《铁琴铜剑楼藏书题跋集录》转引赵琦美跋

《鄜王刘公家传》三卷（旧钞本）

第一卷脱十八叶，惟存十九叶尾张，三卷止于绍兴元年，不知后当逸去几何，盖首尾皆不全矣。宋刘武僖公光世家传，阙首卷，未著撰人。赵清常从阁本录得者。

3.《士礼居题跋记》转引赵琦美跋

《文房四谱》

戊申八月，友人孙唐卿自家山来，奚囊中持此书，因借录并校其讹。复从徐骑省中录出是书之序。万历三十六年九月十三日海虞清常道人书于柏台公署。

4.《文禄堂访书记》转引赵琦美校跋

《颐堂先生糖霜谱》一卷

万历丁未七月十三日黎明阅此卷，王华冈原本。清常道人。

赵琦美著《辽事疏》全文

题为感激时艰，敬陈肤议，以佐边筹，以足国用，以固邦本，以攘外侮事。臣于闰四月间，以奴酋穷发调兑冏马至山海关。比时，臣具有末议，以为可不朝食而殄灭此虏，故未敢呶呶上陈，乃今历三时而臣复调兑援辽浙兵之马于通州。则奴贼尚未有灭期，国威尚在未伸也，况星变地震屡屡示异。臣祖父以来世受国恩，不于此时陈之君父之前，则事君有隐非所以为人臣矣。皇上豢养臣身，诚不异豢养犬豕也。有臣何为哉？故虽以兵凶战危，仁人所隐，书生谈兵，壮夫所嗤，有不暇避隐避嗤。

画为五条，为陛下陈之。臣闻固国之道，必修内治而后可以外攘。故先之以内治，师徒未举，糇粮随之；故次之以理财，军食既足而后可以举众；故次之以外攘，进可以战，退可以守；故次之以战守，士卒调习，车马坚壮；故次之以士马，谨列于后，以备探採。

择计开。

一议内治者。夫内谧以外宁也，外攘以卫内也。不谧则瓜縻，外不宁则蝎蠹，蝎蠹损皮毛，蠹去而皮毛完矣，瓜縻则溃烂不可收拾也。今日奴夷之讧，所谓蝎蠹哉。京城之内，有御人国门白昼肆劫，其名把棍。每城各有数把，每把多者五六十人，少亦不下六七十人。一把中有小把头数人，数人中推一人最黠者为大把头，每月一会，人持钱五十文聚之。大把头所一人，有事大把头持钱打点余则羽翼焉，期必胜而后已。平居每思风飏，有事则难柔之矣。然此辈皆壮武，忘生桀黠机利之夫也。不置之法，足以乱，悉置之法，激以变。莫若稽其为首者、勇捷者、机巧者，籍之。使入行伍配以征奴，厚廪饩之，皆为健兵，岂不消京师隐忧愁乎？山人游客假文借诗干谒显贵，觇探是非，妖蛊雌黄，掠摺绅辞色，阴阳之，捭阖之，荣其身而肥其家。其智足为纵横，能足备鸣吠，拔其尤而官，使之散。与金钱舌铦者、游说智虑者、决策勇力者，驱兵用此，岂不胜裸股肱角射御之悍夫乎？别有闲的儿等老弱者十四五，而强悍者十六七。臣三十七年贺正来京，伪传虏警，一时九门皆闭，亲闻闲的等人喜曰："羯子来，大家抢之。"语不逞之心雄于有日。此不调停，任其雄行都市，一旦有警，靖康汴城之祸可鉴也。莫若五城乘此寒冱之时，示以给衣给食之明文，籍其精壮者编之入伍，老弱者设法递归或饩之，亦足消不逞之雄心也。京师三大营兵，祖宗旧制，原更番守边，所以习战事也。今借名侵粮者多，行伍日虚，钱谷日耗，顾莫若选其精锐者万人，使守近京之边。三月一更，即以新调征辽之兵，暂补调去之众。教阅三月，汰其老弱，稍给廪而还之。留其强勇，调之征奴。三月竟，而京营之军万人，又出前戍放还。如此几年更番守戍，则营军又出戍之事而射影冒粮者，自可绝迹矣。法司五城圜扉之人，绝有奇能之士，暂为宽假之，令使效于征奴，幸而胜功足以偿罪，不幸而锋镝之，亦足消隐忧于圜土，士司亦可宽顾虑于囹圄也。九门早闭晏启，此非示强也。只示自虚，为奴笑矣。与其严启闭，不若慎盘诘，入者查，出者稽，则奸人不得而混出入也。稽查何如在严保甲之令，申路引旧归而已，九门可不禁夜矣。辇谷之下穷劫时发，禁城之中往往杀人，巡逻之不严，夜行之不禁也。向修往年夜犯之令，群盗可消。出入禁门，必验腰牌，则何有盗杀之患于大都之中乎？此御之于城内之治也。京城东有通湾，西有巩华，三城皆有戍矣。西北有诸山隘足可凭固，独东北一面空虚。臣常承乏祭马神于东壩，出东直门三十余里，为郑村壩，昔成祖大战之地也。旧有土城一区，为牧马之所，今废为败堞而已。诚修其雉堞，调三大营军万人以戍，足为京城犄角之势。控此一方，足撑东北半壁之天。复于京城四面，豫搜其高陵林业之地，可以伏藏者，先知之。倘一日而有事，则足以伏匿而扼贼之吭也。以此自固，是为内强枝干、消蝎蠹、壮元神，何疥癣奴酋之足虑哉？伏惟圣裁。

一议理财者。夫御捍安攘师之綦重，举众即戎货之綦要，故粒米餱粮不储不军，藁秣秸秆不积不军，衣甲器用不备不军，剑矛弓矢不利不军，酒浆醪醴不具不军，宾客往来遣谍行间而惜金钱之费者不军，出纳惟吝握算惟严而计功估值者不军。故曰杀人如杀草，使钱如使水。又曰军无财，士不来；军无赏，士不往。然则军固可使无钱而轻举乎？理财之道所宜讲矣。夫理财非曰开事例也，事例开而卖一官，一人入赀一人思取倍赏；千百人入赀，则千百人思取倍偿，所从入者少，所损民者多。故事例非理财也，非曰徵宿逋也。宿逋徵，敲骨沥髓富，民财竭，贫民力殚，壮散老填，易子而咬其骨，决妻而饮妻泪，财货未加多，民心已加去矣。故徵宿逋非理财也，非曰榷关税也。

关税榷，商避途，物湧贵，使公有积货，农有积粟，贸迁不化，日中市虚，故榷税非理财也。善理财者，因势利导，因地取资，不加赋、不病民而国有不匮矣，六曹皆可以法取也。吏之曹取之，何如选人之考行头，一考不中便就贱吏，贱吏人所不甘也。也有不甘者，入十金再考，即三即四五考焉，皆得至再至三四五。而入赀积一选可得数千金矣。飞过海其已仕、未仕、方仕者，历年累积，岂止数千人。据牍细查已仕而罢休者，方仕而在任者，未仕而候选者，追其行头之例银。限以三月过期不完，绳之以律，金钱入可无算也。户之曹清算节省，监法查禁是矣。礼之曹清曹也，何利可与？僧道度碟，可讲今京师游僧道，盖以数万计，查其度牒无者，即勒其如例而纳。否则壮者籍之为兵，弱者递之归俗，亦可消隐忧而勿耗粒食矣。行之天下其利，岂止数百万而已耶？兵之曹，冏政之宜严也，倒失之纳价当究子粒之，历年当查刑之曹纳赎是矣。工之曹钱钞宜讲也，开垦宜求也，齐之所以霸亰山而已，秦之所以王恳令而已。彼区区一隅，内供宗庙百官宗室饮食，外应诸侯聘问朝觐，会同修守战具一隅而足，岂雨金乾汞之异耶？开财之源而已。开财莫若钱币兼行也。钱之行无如子母，便而省造大钱，一当银五钱者，一当银一钱者，一当一分者，一当一者，如是而行可以省铜值，省工价，源滚滚为不竭之府。今惟两京铸造，则造有限地，铜价炭价皆不易举。臣闻川广云贵铜炭甚贱，朝廷诚命部臣十余员，即其地而鼓铸，一骑可负数千以度陆，一船可载亿万以济水，水陆转输不一时载而达之京师矣。遵化铁冶，祖宗因唐辽金元置厂，每岁出生铁四十八万六千斤，熟铁二十万八千斤，钢铁一万二千斤，该用官银几七千两。命工部郎中一员专董之，武备所资，钢铁取之裕如，有志书可稽，不知废自何年。若复此厂，或以备武事之用，或以铁铸钱以二当一，大约十四文，抵铜钱七文。其事省，其费少，且地近，取效甚速。皮币所以辅金钱之不足，自古行之，即今钞法也。钞之不行，非钞不可行也，上不用而欲行之下也。若纳官而官受之，则必行矣。监察之引可行，则钱钞之法必通而不滞穷见远方。小官行，无赀以赴任江南，粮长解粮而缺铺垫，一凭一批，便足质数十金。此无他，谓凭批必官司之急耳。用钞而许以纳官，当钱粮十分输三，则钞必行矣。两者皆在上人意向耳。东南输粟数千里，衔舰风火盗耗旱乾水溢皆可为虞。北方之地荒者十之八九，一意开荒，自能足食，近水稻居陆者粟，以至枣栗之利皆可克用。诚意行之，食自可足。古之牧民必兼劝农，朝廷专重其事，命重臣四出以董之，田野荒芜，土地不辟，虽循良如龚黄，必罚。如是斗粟三钱行可见矣，又何必开例徵逋榷商为哉！足食足兵而民信之，亲君死长四夷可挞，何至以蕞尔一隅裔夷为虑乎？伏惟圣裁。

一议外攘者。臣闻靖国安民圣王不能销锋而治，定乱弭凶岐周尝兴遏莒之师，故兵者圣世之所不讳。故兵者盛世之所不讳，况今建夷跳梁，可无外御之术哉？世之谈兵者，岂不曰兵多也、将勇也、器械利也、粮草富也。是谓象兵而非贞师也。夫古之善言兵者，不出孙武武之书十三，始之以计而终之以用，间其间作战等篇，所经纬而佐助之者也。譬则五行：土以承金木水火五德，信以决仁义礼智，而元亨利尤必以贞而干之。故土薄而四象不生，信漓而四德不备，贞失而元不能长善，亨不能加会，利不能和义，间缺而计不可行，谋不可施，敌形而我不知，敌间而我莫乘，敌进而我莫捍，敌退而我莫尾，敌行于无形无影，动九天而行九地，我伥伥乎。终夜无烛，备前则缺后，备后则缺前，上下四旁无之不虚，故遣大将兴大旅不如用一间也。槌牛饱士日费千金，不如用一间也。故秦不吝数万金一赂郭开，汉王不惜金钱以间楚。今兵调矣，将遣矣，衣甲器械火资粮糗非不完具，重臣宿将非不专任而起废也。乃今日失抚顺，明日失抚安，又明日失清河会安矣，岂真奴酋之能之勇，而我之昧且怯哉？不明于间而已。武之言曰，“必先知其守将左右、谒者、门者、舍人，索知敌人之来间我者”，故汉王谓冯敬，“虽贤不能当灌婴。”柏直口尚乳臭，故能灭魏，是皆因间以知也。使昧昧焉。与楚鬪捷不几为楚虏者几希？今不曰间，而曰天时、曰阵法、曰火器，盖孤虚旺相作气之术也，坐作进退用众之法也。烟火炮石长兵之利也。不有甲子败而甲子兴者乎？天时乌可尚乎？徒能读书不知兵变。故井田丘甲一败于王莽，再败于安石，岂非法不可泥欤夫？兵有长短，刀剑短兵也，戈戟短兵之长也，弓弩长兵也，铳抛长兵之长也，皆杀人之利器也。然所以杀人者，我也，非兵也。今不讲火人，而曰火器是行火，不必有因矣。岂器真能自运以刺人而杀之耶？故言火器不若论火人矣。且武之言以火佐攻必首借风，风之运火宁借药哉。乾禾燥木皆火也。焰有焚原燎野之势，宁至轻耗火财乎？多用或兵乎？谈兵而尚火器，谓之不知兵可矣。且奴非真善用兵者也，善用兵者疾如风，雨不可遏止。今奴用兵九阅月，而为敢长驱，是拙兵也，非巧兵也。兵拙奴可虏而紧也。可虏而肆无忌者，我之不能也。我懈而弛，奴戒而锐，以懈当戒、以弛当锐，驱群羊以鬪虎鲜克济矣。莫如分新起诸将限之以地，使保一方，奴有所犯或以全师为拒，或出锐师以佐、或断其后、或袭其国、或冲其防、或覆而待、或衷其坚，使其顾左不能顾右，顾后不能顾前。惑其心志，乱其耳目。越境入国，奴尝为客而劳，保疆守界，我尝为主而逸，又不爱重货以离其交，而伐其谋，奴且自顾不暇矣。即不必北关之尼其后，奴且崩角稽颡之不暇，又何狡焉？启疆以凭陵诸夏乎。伏惟圣裁。

一议战守者。夫战所以固守也，守所以豫战也。守不固，法弛而战，气不作，战部疾，气索而备不密。是故雁门之固宁非战哉，淝水之捷宁非守哉？无椎牛饱士以作气，则林胡襜褴不灭，无风鹤草兵以威虏，则江东典午不延，是故战守合而形强，战守分而势弱。秦之战所以崩，宋之守所以亡，今辽以积弊之国累败之余。败军之气，没世不复，一旦欲驱而战，是孤豚咋虎也，岂有济哉？故虽徵师调将聚草积粮，亦负雪填壑而已。杯水沃洪炉也。师克济邪，惟于战守间定计则几矣。夫所谓守者，必集诸帅于抚顺，抚安清河，破败之地，列为三营，择极鸷、极坚、极忍、极勇、极谋者居中营，当敌之冲。极协心、极干国、极忘形骸、极知缓急者列左右，拒以接应无事。出奇兵以挠虏，权有警因分地以坚；又立一军，埋伏以覆虏；更立一军袭虏之巢。三营列而势成，游兵具而猝应，伏藏备而贼不敢蹈，发机动袭举而虏知却，顾六师齐奋以战则克，以守则固，横行天下矣。所谓战者坚其壁、清其野、高其城、深其池，楼橹完具，炮石在架，火砲充牣，弓弩利具，东作则耕以备储，农隙则猎以习艺，所以习勇者，胆也。虏未至而吾兵吾农，虏苟犯而吾民吾兵邱甲租庸皆是物矣。然又必审诸将之性、之情、之勇、之怯、之谋、之莽，善战、善守、善诱敌、善绥众，刚者不可与刚者同处，怯者不可与怯者同侪，贪与仁而并用成墨，智与诈而同处或诡勇与怒，而其事醸偾，平居不可其事，疆场岂所同功哉？在主将识其性，调其情，则忌心忘枝，心释如臂使指，中指长不见其长，拇指大不见其大，无名无用，小指最小不见龃龉，惟见相惜相怜而成捍御之势。又复知虏以马胜，我马，弗及虏马也。虏不能步，我步最胜虏骑也。上砍人胸，下砍马足，步之长技我用所长，虏屈所短虏以弓矢胜器矣。虏恃勇我恃谋，虏恃同欲我恃和衷。师克在和，和则一心，同则一利，见利忘义，同之为病，见难捐生和之为贵，而又使智使勇使贪使诈使愚使过，惟其贤不惟其方，真不必借才异代汤武之伊吕，即夏商之遗才也用不用焉耳。用得诸将皆兴王之侣，用不得悉为亡国之俘耳。宋以水将刘师勇而陆用，张世杰而水用，不尽其材之败也。南北兼济，智勇齐驱，使之不忮不求，则何用不臧哉？至于大车可以任载而为营垒，武刚可以冲锋而拒虏马，险地可以用火，绝地可以断饷，山林可以伏匿，平原可以接战。生生化化，变幻须臾，非成法可拘，非执一可拟，变而通之。三军之司命，国家之安危也。伏乞圣裁。

一议士马者。穷闻国之大事在戎，戎之克威惟马。则士与骑在善驭，在调习，在隐惜，又在要于适用练习。而后士与马调，将与士安。故可与之生与之死，而不畏危轻犯难也。乃若驱市井而战，拉野马而乘，鲜不蹶上将而予敌矣。人皆曰调兵征虏矣，兑马徂征矣。不知杀人非易事也。不见夫割鸡而手轻者，杀已委地，鸡犹走也。不惯屠者血已涂地，豕犹突也。非鸡豕之屠割鸡，庖厨之胆不习手不娴耳。况虏非孤豚伏雌甲胄以当羽翮，弓矢刀剑以当爪距，可以不习之，庖而求善刀之大用乎。顾莫若以新调之兵，朝廷使风力重臣亲为校阅，或老弱或途病或幼小，悉为汰去，则可杜耗糜金钱之患。又留京师校练三月，然后往战，卒靡不精而坚靡不破矣。校练维何为金钱令射中，而争利或为蒐狝以争前禽，或去锋刃布衣堙土以验勇怯，堙土试艺，高皇帝之就法，是为真练，将必时士卒之饥寒知士卒之劳苦，匪徒家丁厚抚。众卒异视也，一视而皆家丁矣。行粮必宜加厚，异赏必宜常行，败群者戮，劫夺者诛，淫狼者杀。赏前罚后，何往而人心不奋。以如是之兵征，不庭轩黄所以擒蚩尤也。且下哀痛之诏，为哭师之举瘗，抚顺抚安清河之白骨。文王掩骼埋胔，何非亲上死长之人亿万众惟一心乎。冀北多马，黄金台下岂无骏骨？一则曰营马羸且踣，诚非虚言；不善转化马，诚驽疲哉！夫冏马之寄梓民间，民奉马如奉亲。故马无不肥腯博硕，是所谓骄子不堪用也，肥人不任驰骋也，顾肥马而堪驰乎？试观肥人之驰也，则喘汗而不任奔。膘马于平壤一舍且嘘嘘气尽，津津汗流。况骋足于山险穷日于百里，马必毙矣。此辽人所以谓冏马未适征也。三营之马贫车日饲糟粕日驱负载，马虽瘠瘠，然然筋力，亦兄露矣。若善养之，则马膘复长以筋力之骑，苟得善养乘以冲锋，一一皆良马也。今日试选三营马之壮强者，三千发之马户寄养三月，随选寄养马三千以补营马循环而转，马皆受羁络而任劳即虏骑弗能支矣。况乎马户一领寄养之马，必数年而兑去，是一马有数年之累，民不得休息。今寄养营马不过三月，是以三月之勤苦而易数年之安暇，营军亦无倒失之患，岂不利马利民利军利国家征伐乎？以练卒乘练马，载驰载骋贺兰且平，况弹丸之建州耶？伏惟圣裁。

上列五款，如果臣言稍有可採，则涓埃不拒于海山，芻荛亦取于上圣，或少禅于安攘，以佐灭虏之一筹，是亦犬马报主上之心也。臣不胜战栗，冒渎尊严之至。

程毅中先生修改意见原文

程毅中先生的这篇修改意见写于2017年6月15日，先生看的是最初的毕业论文（4万字左右）。其中有关于我语言表达不准确引起歧义的疑问，有因为我对天干地支不了解又偷懒转引未复查一手文献引起的笑话。虽然他谦虚的说自己只抽看了一部分，但是我看到的稿子上铅笔修改非常详细，尤其是对明词研究的建议。我还记得当初看到这篇意见时，无地自容。但正是因为程毅中先生的直言，几位老先生的无私帮助，我一步一步修改到现在的样子，成为专著，故今将程先生的修改意见原文影印如下。

年　月　日

金呈彬女士：

我对赵琦美未作研究，且限于精力视力，不能细读大作，只抽看了一部分。你的论文有不少新的发现，十分可喜。但存在一些问题，如：

《洛阳伽蓝记》跋说：丙午（1606）"校于燕山龙骧邸中"，而先生据之说是时已在北京，如何解释？（大作26页也引此条）

《文房四谱》跋说：万历三十六年"书于柏台公署"，也与你的考证矛盾，如何解决？

《酉阳杂俎》跋见于原书，不难借得，27页引文何必转引《日本访书志》？

年 月 日

《伤寒论》序署作"万历乙亥三月谷旦"，乙亥为万历三年，早于瘦樵之二十三年，是否有误？（37页）

19页引《客尘小草》序"秋间政相台阅"，"阅"字应连下"半岁"读。引文的文字断句标点多处有疑问，我已用铅笔标出，请再斟酌，多请教老师。

点滴意见，仅供参考。

程毅中

2017年6月15日

《明代藏书家赵琦美研究》读后感

金昱杉女史，求学于沪上，研读戏曲史论，探索勤奋，博闻强记。顷出示其近著《明代藏书家赵琦美研究》，将赵氏生平事迹，勒为一编，冀为明代藏书史、明代戏曲史填补空白。余见其收集材料，可称细大不捐，竭泽而渔。每事必有考辨，举凡赵氏家族以及亲朋交往，皆一一交代清楚，可称是书亮点之一。并充分运用方志、家谱等素材，元元本本，补原材料之不足，俾使更臻完善。

女史英年力学，勇猛精进，后生可畏。近闻此书即将出版，不胜欣喜。因略缀数语，以代喤引。

沈燮元

《明代藏書家趙琦美研究》讀後感

全昱杉女史求學于滬上，研讀戲曲史論，探索勤奮，博聞強記。頃出示其近著《明代藏書家趙琦美研究》，將趙氏生平事蹟勒為一編，冀為明代藏書史、明代戲曲史填補空白。余見其所收材料，可稱細大不捐，竭澤而漁。每事必有考辨，舉凡趙氏家族及親朋交往，皆一一交待清楚，可稱是書之亮點之一。並充分運用方志、家譜等素材，元元本本，補原來材料之不足，俾使更臻完善。女史英年力學，勇猛精進，後生可畏。近聞此書即將出版，不勝欣喜，因略綴數語，以代喤引。

二〇一八年十月　沈燮元

后　记

拙著终于告一段落，将要付梓。这本书以明代藏书家赵琦美为研究对象，涉猎了藏书史学、戏曲史学、版本学、文献学等各个领域，能够从一个硕士论文到一本专著，我像摩西在旷野牧羊一样，每逢坚持不下去的时候，真的感受到上帝的带领。我从2015年开始做这个题目，曾经在国家图书馆古籍部呆了一个月，朝九晚五的看书最终写出不到5000字。这种无力感持续了好久，直到2016年12月从南图查书后摔了一跤，在家中打石膏养伤时，真的想放弃，看到《箴言》中有一句话："签放在怀中，定事由耶和华"。后来，我尝试推翻之前固化的模式，以赵琦美的生活入手，翻查明代常熟当地文人文献以及方志和家谱，发现谢国桢先生的《江浙访书记》中记载了一套书，里面收录了大量文人笔记，只是，谢先生并没有列出所收录的具体书名，只是强调了其重要性与独特性。那时已临近年关，我提前拆了石膏，从济南到杭州，奔波千里，发现了已散佚多年的赵琦美著作《容台小草》，以及未曾有著录的《栢台草》。浙图古籍部空无一人，我连着好几天将书抄录下来。因为我腿脚不便，有时，古籍部的老师会让我多抄一会，他们晚收一会书。后来便像有上帝的同在一样，接连发现了《雅乐考续》《辽事疏》。一直到2018年底，我竭尽所能寻遍大半个中国的图书馆，整理出赵琦美的藏书校跋。在此感谢各图书馆古籍部的众多老师，他们用专业的精神，为我每次查阅提供了诸多帮助，让我在抄书的过程中，安静得与古人对话。

在写作的过程中，有幸得到几位老先生的指导。山东大学的袁世硕先生反复帮我修改文稿，为本书撰写了序文。南京图书馆的沈燮元先生多次指点我《脉望馆书目》中的藏书版本，并为本书题写题签和读后感。中华书局的程毅中先生在明词上对我的指导。济南博物馆的于中航先生在文献整理上予以指教。中国艺术研究院的柯文辉先生忍着坐骨神经痛，站着为此书写了读后感和修改意见。

另外还要感谢南京图书馆国学研究所主任徐忆农老师和江苏省昆剧院的李鸿良院长，当我数次前往南京查阅古籍时，无微不至的关怀。感谢山东图书馆古籍部的唐桂艳老师细心、严谨的指导。感谢张仁善老师，在句读上的指导。感谢慕承和老师的帮助。感谢山东人民出版社隋小山老师和各位老师们对拙著出版付出的辛勤劳动。

最后感谢我的家人，父母为我创造了衣食无忧的学习环境，让我可以心无旁骛的专心进行学术研究。感谢我的大姑和表姐、姐夫，在中国国家图书馆查书时，前后打扰了他们几个月。感谢我堂姐，中医文献学专业的博士，在对赵琦美中医文献的研究中给予我启发。正如《罗马书》所说："我们晓得万事都互相效力，叫爱神的人得益处。"

如今，拙著日渐完善，有机会出版面世，心中惶恐，不知其中是否还有许多值得商榷的地方，甚至古典文献的研究如学海行舟，只能说已尽全力。随着年岁日长，占有资料或更加全备，也许会有新的发现。经历至如今，我发现古籍研究已经成为我生活的一部分，离不开了。所能做的除了感恩，便是"忘记背后，努力面前"。